U0040249

時報出版

二〇一九己亥年

豬年大解析

生肖運勢

謝沅瑾

自序

我從一九七八年開始學習命理五術風水，無論古籍、通書或現今風水刊物，始終覺得博大精深，浩瀚無底，進而接觸日本、韓國……等各國命理五術刊物，更覺得深淺不一，各有所述。

一九九四年，我開始長期參與各大電視台採訪錄影，談風水命理，到二〇〇三年，受邀《台灣妙妙妙》專業風水節目錄影長達兩年，其間「風水命理界教父」之名不脛而走，用科學角度分析解釋，開創專業風水命理解析先例，深得好評，其收視率之高，首播加上重播長達十年之久。

自二〇〇四年「風水命理教科書系列」出版後，更造成出版界的一股風水命理旋風，第一本風水書銷售二十七萬冊以上的佳績，連續七年以上排行榜冠軍，更是締造命理類書籍的紀錄，出版業甚至有專文討論解析本書瘋狂銷售的原因，除了讓風水普及之外，更讓大家有正確的科學風水觀。一直以來，除了希望讓大家有正確的風水觀念，以免受騙之外，我更希望能夠讓「通書」、「農民曆」和「命理」融合，讓更多的人方便簡單好用。

常常遇到許多年長的媽媽們，一說到「農民曆」，大部分不是因為內容艱澀使她們「看不懂」，要不然就是密密麻麻的字讓她們「看不清楚」，再者，農民曆中往往充斥許多「不知所云」的內容。因此做一本精確、實用、容易閱讀的農民曆，不只是獻給我自己的爸爸、媽媽，更獻給普天之下有福份的每一位爸爸、媽媽。這本農民曆設計上方便使用、簡單易懂，讓讀者可以自己選擇吉日、吉時，並輕鬆找出每天的財位、貴人、旺方、喜門……等方位，並能避開每天的煞方，讓每個人都能輕鬆趨吉避凶，幫助大家事業有成，事半功倍。

今年更增加了生肖運勢大解析，為大家用生肖與農曆月份排出流年流月，提醒讀者留心自己與家人的運勢，可以提前消災解厄、招財納福。

期望能以此書，讓我的希望理想和座右銘能夠落實在每一位有福氣的朋友身上，那就是：

風水讓富人累積財富，
讓窮人改變命運！

謝沉瑾

謝沅瑾老師大事紀

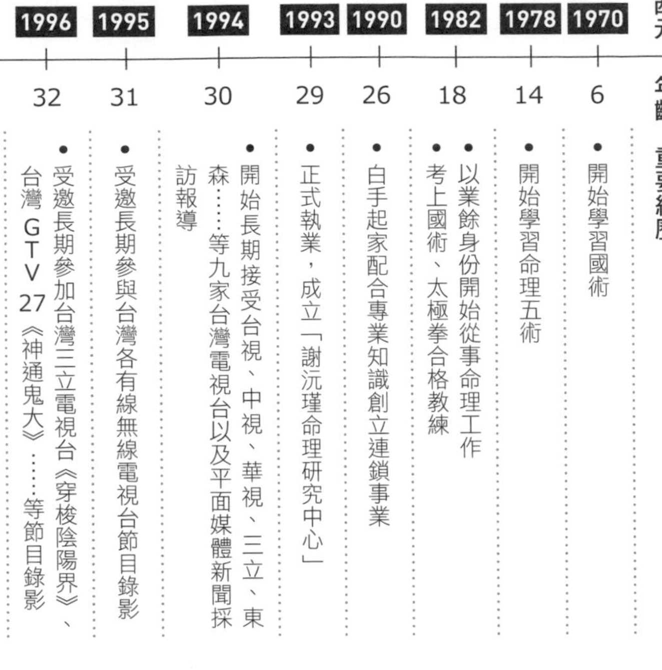

西元	年齡	重要經歷
1970	6	• 開始學習國術
1978	14	• 開始學習命理五術
1982	18	• 以業餘身份開始從事命理工作 • 考上國術、太極拳合格教練
1990	26	• 白手起家配合專業知識創立連鎖事業
1993	29	• 正式執業，成立「謝沅瑾命理研究中心」
1994	30	• 開始長期接受台視、中視、華視、三立、東森……等九家台灣電視台以及平面媒體新聞採訪報導
1995	31	• 受邀長期參與台灣各有線無線電視台節目錄影
1996	32	• 受邀長期參加台灣三立電視台《穿梭陰陽界》、台灣GTV 27《神通鬼大》……等節目錄影

西元	年齡	重要經歷
1997	33	• 受邀長期參加台灣中視電視台《社會秘密案》……等節目錄影
1998	34	• 受邀長期參加台灣超級電視台《星期天怕怕》、台灣八大《神出鬼沒》……等節目錄影
1999	35	• 受邀參加台灣東森電視台《鬼話連篇》……等節目錄影長達五年 • 受邀長期參加日本電視台電視錄影
2000	36	• 受邀長期參加台灣三立電視台《第三隻眼》……等節目錄影
2001	37	• 受邀長期參加台灣東森S電視台《社會追緝令》、台灣GTV 28《命運大作戰》……等節目錄影
2003	39	• 受邀參加台灣中天電視台《台灣妙妙妙》……等節目錄影長達兩年
2004	40	• 受邀參加上海電視台演講錄影 • 風水著作「謝沅瑾風水教科書系列」開始出版
2005	41	• 長期受邀於新加坡、馬來西亞……進行多次演説 • 受邀參加台灣緯來電視台《好運望望來》長達一年、《不可思議的世界》……等節目長期錄影

2006 42

- 「謝沅瑾風水教科書系列」第五本《好風水、好桃花》出版
- 「謝沅瑾民俗風水百寶箱系列」—《福》、《祿》、《壽》、《喜》出版

2007 43

- 受邀長期於《獨家報導》撰寫「謝沅瑾回憶錄」，成為第一位在雜誌連載回憶錄的風水命理老師
- 「謝沅瑾風水教科書系列」第六本《招財風水教科書》出版

2008 44

- 「謝沅瑾民俗風水教科書系列」—《謝沅瑾開運農民曆》出版。《一瞬間改變命運》出版

2009 45

- 「謝沅瑾民俗風水教科書系列」—《謝沅瑾老師教你改好運發大財》出版

2010 46

- 受邀長期參與海外澳亞衛視《順風順水》節目錄影
- 「謝沅瑾風水教科書系列」第七本《新居家風水教科書》出版
- 「謝沅瑾民俗風水教科書系列」《謝沅瑾老師教你改好運發大財2》出版

2011 47

- 「謝沅瑾民俗風水教科書系列」第八本《文昌風水教科書》出版
- 「謝沅瑾風水教科書系列」第九本《新居家風水教科書2》出版

- 創立「中國正統民俗風水教育協會」擔任第一屆全國總會理事長
- 當選「中華星相易理堪輿師協進會」第四屆全國總會理事長

2012 48

- 受邀長期參與緯來電視台《風水有關係》節目錄影

2013 49

- 謝沅瑾「行動風水教室」臉書粉絲團成立，開始分享謝沅瑾老師風水案例

2014 50

- 謝沅瑾老師粉絲頁「謝沅瑾命理／民俗文化研究中心」與「謝沅瑾老師行動風水教室」粉絲目前合計突破41萬人
- 出版《謝沅瑾羊年生肖運勢大解析》一書

2015 51

- 出版《觀相》一書，教讀者看相識人
- 出版《謝沅瑾猴年生肖運勢大解析》一書

2016 52

- 出版《謝沅瑾雞年生肖運勢大解析》一書
- 受邀長期參加緯來電視台《來自星星的事》節目錄影

2017 53

- 出版《謝沅瑾最專業的經典居家風水》一書
- 出版《謝沅瑾狗年生肖運勢大解析》一書

2018 54

- 出版《謝沅瑾最專業的財運居家風水》一書
- 出版《謝沅瑾豬年生肖運勢大解析》一書

弟子序　胡瑋庭 老師

- 中華堪輿道派亞洲區行政負責人
- 中華堪輿道派宗師府大弟子（謝沅瑾老師入室大弟子）
- 謝沅瑾命理／民俗文化研究中心亞洲區行政負責人
- 中國正統民俗風水教育協會全國總會常務理事

自一九九五年認識謝老師開始，從一個拜託謝老師幫忙看自己家裡風水的人，轉變成一個跟著謝老師看人家家裡風水的人，每天和謝老師一起看風水、八字、姓名學已經十八年，然而謝老師給我的感覺，卻跟二十多年前剛認識時一樣，永遠是那麼熱心、真誠與負責。

在開始和謝老師學習時，謝老師已經是一個媒體寵兒，除了固定時間錄影的兩個節目以外，還隨時都會有媒體想要採訪或邀約錄影。

在每天排得滿滿的風水鑑定行程中，還要挪出時間參加各種錄影與訪問，固然考驗了一個助理的能耐，但更考驗了一個老師的品格和人格。

因為在這二十多年來，眼看著許多老師在電視媒體上進進出出、出現消失，或者自以為有名而張牙舞爪、得意洋洋，甚至在命理業務上獅子大開口的人大有人在，能夠像謝老師一樣，在媒體的包圍之下，依然維持一貫的誠實、謙虛、純樸、熱誠的老師，可說是少之又少。

特別是和謝老師在國際舞台上看著美國、日本、新加坡……等世界各國媒體邀約採訪時，一位真正國際級的大師，受到大家真心的尊重，仍然能夠保持平常心，對待所有的人，那種感覺，才是我真正感動的地方。

謝老師要求每一位弟子，一定要有人飢己飢，人溺己溺的精神，並常說道：「法律之前人人平等，相同的，在當老師的人面前也應該是一樣人人平等，絕對不可分貧富貴賤，任何人都有改變命運的權利！」所以和謝老師一起走過的這十八年間，無論是達官貴人，或是一般民眾，謝老師從不分貧富貴賤，都是一樣認真謙虛的對待。

謝老師常常犧牲用餐時間，餓著肚子，還認真的聽每一個人說著自己的問題，看在眼裡，感動湧現在心裡。

在這二十多年中，有好幾次遇到家中發生急難的人，不計一切代價，甚至直接捧著大把鈔票前來，只希望事情能越早處理好越好。這種情況要換做是其他老師，有的可能就照單全收，甚至還趁火打劫，想盡辦法敲竹槓的大有人在，但謝老師不但沒有如此，甚至見到當事人原本就家境困苦，更是伸出援手免費幫忙解決問題，這種善行義舉，對天天和謝老師一起東奔西跑，救苦救難的我們，更是如數家珍。

由於長期在謝老師身邊的關係，謝老師在風水命理姓名學上的專業與準確，對我而言已如同家常便飯，見怪不怪，然而眼看著一位命理老師，長期處在這樣的地位與聲望中，卻依然能保有當年的那股熱情與原則，對我們這種經歷無數，聽過成千上萬家庭的喜怒哀樂的人來說，謝老師的「一路走來始終如一」才是我最敬佩他之處。

弟子序　于子芸 老師

- 中華堪輿道派宗師府二弟子（謝沅瑾老師入室二弟子）
- 謝沅瑾命理／民俗文化研究中心總部暨新加坡分部專任解說老師
- 中國正統民俗風水教育協會全國總會副理事長

自一九八四年與謝老師認識，從相信風水、瞭解風水，進而接觸姓名學，在這麼多年接觸學習的過程中，深知謝老師將所學到的知識，毫無保留的傳授給弟子們。

謝老師告誡弟子們：「要把有用的學問，幫助需要幫助的人，絕不能分貧、富、貴、賤。」更不能用自己所學的學問，去做坑、矇、拐、騙的事去害別人，因為我們所說的任何一句話，都有可能會影響到別人的一生，所以說話必須實在，不要誇大，要將別人的問題，用誠懇的心去處理事情、解決問題。

謝老師始終認為，人應該為自己說的話負責，而謝老師許多傳承自師尊的告誡，像是「稻子愈成熟，頭就要垂得愈低。」、「一個人有三分才華，就要有七分謙虛。」不管擁有多強的實力，身處多高的地位，處事低調、謙虛、誠懇，這些特質從謝老師身上便可看到，這也是老師給弟子們的座右銘，我們時時刻刻都謹記在心。

謝老師是一位無私奉獻、值得尊敬的老師，在教授風水上面，毫不藏私，毫無保留地用最簡單的詞彙，清楚明白的教弟子們和電視機前的每一位觀眾。在世界各國各地的演講中，總有無數的命理老師會到現場聽演講，當我們問老師為什麼還是毫無保留的傳授和回答時，謝老師很認真的跟我們講：「這有什麼關係嗎？正確的命理風水知識，如果可以讓每一個人或每一個老師，有更正確的觀念，去幫助更多需要幫助的人時，其實就是傳播善知識，不是一件很好的事嗎？」

這與許多別的老師藏私、嫉妒、自大的態度相比較，有如天壤之別，更加深了我們對謝老師的尊敬，難怪有這麼多人都稱謝老師為「風水命理界的教父」！

謝老師還常説，學問是學無止境，活到老，學到老。謝老師出書，是為了要讓更多的人瞭解風水、命理，進而無形中能幫助更多的人，誠如謝老師所言：「風水讓富人累積財富，讓窮人改變命運。」

我們非常感恩謝老師的教誨，不僅學習到很多專業方面的知識，也學習到許多待人處事的方法與態度，今後我們將秉持謝老師「幫助所有需要幫助的人」的理念，繼續將謝老師服務濟世的精神傳承下去，幫助更多需要幫助的人。

弟子序 **李秉蓁** 老師

- 中華堪輿道派德國分部負責人
- 中華堪輿道派宗師府五弟子（謝沅瑾老師入室五弟子）
- 中國正統民俗風水教育協會全國總會理事

中國近代「風水史」中，最功不可沒的一人

「風水」這個名詞，是中國在二十一世紀中，令外國朋友印象最深刻的一個詞彙。而中國近代「風水史」中，最功不可沒的一人，非台灣最知名的國際級大師，「謝沅瑾」老師莫屬了。

謝沅瑾老師是台灣第一個純「風水」節目的開山始祖（台灣妙妙妙），自二〇〇三年開播以來，老師的影響力遍及台灣、新加坡、馬來西亞、印尼、美國……連遠在德國的我們也深受其影響。之後二〇〇五年第二個專業風水節目在緯來電視台的「好運望望來」。二〇一〇年澳門「澳亞衛視」的「順風順水」開創了兩岸四地第一個看得見的專業風水節目。二〇一二年緯來電視台的「風水！有關係」……等節目，都是在各地創造高收視率，引領世界各地對中國「風水」一詞研究探討的重要人物，其影響力，在中國「風水文化」歷史定位中是不可抹滅的。不但在世界各地開創了大家對風水的一個新的熱潮，也引領大家對於中國傳統風水的印象，有了非常大的改變。

謝沅瑾老師是第一位在電視上公開用科學的角度解析風水，用現代化顯淺易懂的詞彙分析，把幾十年來的研究，中國人的智慧，大家不論年紀、知識水平的高低，都能理解風水影響的老師。有別於「傳統風水」印象，由於各家秘密不願公開，老師們又各自藏私的重大差別。所以才會被尊稱為「台灣風水命理界的教父」！

遠在德國的我們，也和許多中國人、海外僑胞學子一樣，都是看「謝沅瑾」老師的節目，一路過來的，從自己修正調整，改變風水到親自到台灣取經，登門拜訪謝老師，最令人驚訝的是，「謝沅瑾老師」電視上忠厚老實，和藹親民的印象，在私底下，居然和電視上一模一樣，感覺上就像認識謝老師，很久很久了一樣。而遠在美國也有學子們的論文，和我們一樣是專程到台灣專訪謝老師寫的，連各國的電視台，Discovery Channel……等國際性的節目，也一再到台灣拜訪「謝沅瑾老師」做各種主題性的專訪。

不論您在世界何處，不管您看的是「謝沅瑾老師」的節目或書籍，都祝福您能和我們一樣平安幸福，讓謝沅瑾老師的精神延續下去，「幫助到所有需要幫助的人」，記住老師的名言「風水！讓富人累積財富！讓窮人改變命運！」

目錄

一 生肖運勢大解析

己亥年百歲年齡生肖對照表 018
己亥年十二生肖整體運勢大解析 020
己亥年十二生肖流年、流月解析 030

二 開運農民曆

如何看懂農民曆 080
重要名詞解釋 084
六十甲子納音 090
正月開運三吉時－初一、開工、迎財神 092
黃帝地母經看流年 097

己亥年年度吉時、大利方位 098
己亥年安神煞方與安神法 100
己亥年每日宜忌 104

三 擇日與擇時

如何擇日與擇時 190
己亥年每日時局表 192

四 財喜貴方

如何運用財喜貴方 202
己亥年財喜貴煞方位表 204

五 己亥年風水運用大全

己亥年九宮飛星大解析 234
己亥年方位運用及運勢提升之道 236

六 己亥年命名大全

姓名學概述 246
己亥年出生者命名注意事項 247
姓名八十一數吉凶靈動表 252
己亥年出生者適合職業解析 256
己亥年年曆 262

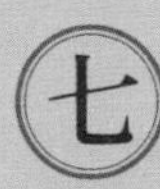

招財補運DIY

租屋小資族之改運風水 272
己亥年太歲星君安奉與太歲符 277
個人、店面、居家招財符 283

一

生肖運勢大解析

己亥年百歲年齡生肖對照表 018

己亥年十二生肖整體運勢大解析 020

己亥年十二生肖流年、流月解析 030

己亥年百歲年齡生肖對照表

年份	生肖	年齡
一九二〇（9年）	庚申猴	100歲
一九二一（10年）	辛酉雞	99歲
一九二二（11年）	壬戌狗	98歲
一九二三（12年）	癸亥豬	97歲
一九二四（13年）	甲子鼠	96歲
一九二五（14年）	乙丑牛	95歲
一九二六（15年）	丙寅虎	94歲
一九二七（16年）	丁卯兔	93歲
一九二八（17年）	戊辰龍	92歲
一九二九（18年）	己巳蛇	91歲
一九三〇（19年）	庚午馬	90歲
一九三一（20年）	辛未羊	89歲
一九三二（21年）	壬申猴	88歲
一九三三（22年）	癸酉雞	87歲
一九三四（23年）	甲戌狗	86歲
一九三五（24年）	乙亥豬	85歲
一九三六（25年）	丙子鼠	84歲
一九三七（26年）	丁丑牛	83歲
一九三八（27年）	戊寅虎	82歲
一九三九（28年）	己卯兔	81歲
一九四〇（29年）	庚辰龍	80歲
一九四一（30年）	辛巳蛇	79歲
一九四二（31年）	壬午馬	78歲
一九四三（32年）	癸未羊	77歲
一九四四（33年）	甲申猴	76歲
一九四五（34年）	乙酉雞	75歲
一九四六（35年）	丙戌狗	74歲
一九四七（36年）	丁亥豬	73歲
一九四八（37年）	戊子鼠	72歲
一九四九（38年）	己丑牛	71歲
一九五〇（39年）	庚寅虎	70歲
一九五一（40年）	辛卯兔	69歲
一九五二（41年）	壬辰龍	68歲
一九五三（42年）	癸巳蛇	67歲
一九五四（43年）	甲午馬	66歲
一九五五（44年）	乙未羊	65歲
一九五六（45年）	丙申猴	64歲
一九五七（46年）	丁酉雞	63歲
一九五八（47年）	戊戌狗	62歲
一九五九（48年）	己亥豬	61歲
一九六〇（49年）	庚子鼠	60歲
一九六一（50年）	辛丑牛	59歲
一九六二（51年）	壬寅虎	58歲
一九六三（52年）	癸卯兔	57歲
一九六四（53年）	甲辰龍	56歲
一九六五（54年）	乙巳蛇	55歲
一九六六（55年）	丙午馬	54歲
一九六七（56年）	丁未羊	53歲

一九六八（57年）	戊申猴	52歲
一九六九（58年）	己酉雞	51歲
一九七〇（59年）	庚戌狗	50歲
一九七一（60年）	辛亥豬	49歲
一九七二（61年）	壬子鼠	48歲
一九七三（62年）	癸丑牛	47歲
一九七四（63年）	甲寅虎	46歲
一九七五（64年）	乙卯兔	45歲
一九七六（65年）	丙辰龍	44歲
一九七七（66年）	丁巳蛇	43歲
一九七八（67年）	戊午馬	42歲
一九七九（68年）	己未羊	41歲
一九八〇（69年）	庚申猴	40歲
一九八一（70年）	辛酉雞	39歲
一九八二（71年）	壬戌狗	38歲
一九八三（72年）	癸亥豬	37歲
一九八四（73年）	甲子鼠	36歲
一九八五（74年）	乙丑牛	35歲

一九八六（75年）	丙寅虎	34歲
一九八七（76年）	丁卯兔	33歲
一九八八（77年）	戊辰龍	32歲
一九八九（78年）	己巳蛇	31歲
一九九〇（79年）	庚午馬	30歲
一九九一（80年）	辛未羊	29歲
一九九二（81年）	壬申猴	28歲
一九九三（82年）	癸酉雞	27歲
一九九四（83年）	甲戌狗	26歲
一九九五（84年）	乙亥豬	25歲
一九九六（85年）	丙子鼠	24歲
一九九七（86年）	丁丑牛	23歲
一九九八（87年）	戊寅虎	22歲
一九九九（88年）	己卯兔	21歲
二〇〇〇（89年）	庚辰龍	20歲
二〇〇一（90年）	辛巳蛇	19歲
二〇〇二（91年）	壬午馬	18歲
二〇〇三（92年）	癸未羊	17歲

二〇〇四（93年）	甲申猴	16歲
二〇〇五（94年）	乙酉雞	15歲
二〇〇六（95年）	丙戌狗	14歲
二〇〇七（96年）	丁亥豬	13歲
二〇〇八（97年）	戊子鼠	12歲
二〇〇九（98年）	己丑牛	11歲
二〇一〇（99年）	庚寅虎	10歲
二〇一一（100年）	辛卯兔	9歲
二〇一二（101年）	壬辰龍	8歲
二〇一三（102年）	癸巳蛇	7歲
二〇一四（103年）	甲午馬	6歲
二〇一五（104年）	乙未羊	5歲
二〇一六（105年）	丙申猴	4歲
二〇一七（106年）	丁酉雞	3歲
二〇一八（107年）	戊戌狗	2歲
二〇一九（108年）	己亥豬	1歲

己亥年十二生肖整體運勢大解析

整體運勢最佳前三名

❶一九七五年（64年） 乙卯兔 45歲

今年在運勢上面來說非常的好，能夠掌握整體的大運，貴人輔助的力量也很強，做事情會事半功倍，只要在人際來往上或與人配合的時候多加留意，將是順利的一年。

❷一九九一年（80年） 辛未羊 29歲

運勢來說像是如魚得水，各方面都能有好的掌握，再加上有貴人的幫助，使得財運、整體的人際關係都還蠻不錯。

❸一九六五年（54年） 乙巳蛇 55歲

今年運勢轉強，能夠洞悉掌握整體的發展，所以雖然逢歲破，卻是逢破必發，算是屬蛇裡頭逆勢成長最多的，事業運、財運、名聲都很不錯。

整體運勢最差前三名

❶一九五三年（42年） 癸巳蛇 67歲

受到歲破的影響比較大，整體運勢較不順暢，大運被阻擋而無法伸展，無形中的壓力也大，情緒容易波動，建議正月十五前到廟裡安太歲、點光明燈，讓諸事平順。

❷一九八三年（72年） 癸亥豬 37歲

大運來說比較不順，又犯太歲，是屬豬裡運勢比較低的，容易出現一些障礙，工作方面壓力大，做事受壓制，有種施展不開的感覺，記得要安太歲，改善整體運勢。

❸一九六三年（52年） 癸卯兔 57歲

今年犯五鬼，五鬼代表小人，容易受到旁人蠱惑而貿然行事或是原地打轉，各方面宜小心應對。還好今年有貴人吉星幫忙，不好的影響也會稍微減輕。

財運最佳前三名

❶一九七五年（64年）　乙卯兔　45歲

在運勢上面來說，今年可以掌握大方向，往往能夠洞燭機先，在別人還沒看到問題的時候，就已經看到問題，甚至迎刃而解，再加上貴人的幫助，可說是如虎添翼。

❷一九六五年（54年）　乙巳蛇　55歲

今年雖然逢歲破，但卻是屬蛇裡頭表現算好的，整體運勢跟規劃能力都不錯，可以把握機會，逆勢高飛。

❸一九九一年（80年）　辛未羊　29歲

整體上來說還蠻好的，工作上如魚得水，再加上貴人的幫忙，使得財運也顯得不錯，另外在人際關係上也有進展。謹記凡事按部就班，步步為營，財運會讓人滿意。

財運最差前三名

❶一九八三年（72年）　癸亥豬　37歲

屬豬裡頭算是運勢比較低的一個，工作上比較無法施展，財運也受到限制，雖然想設法突破，但容易遇到瓶頸與障礙，建議正月十五前到廟裡安太歲，能夠改善運勢，提升財運。

❷一九九二年（81年）　壬申猴　28歲

今年雖然還算是有福德星入宮，但在運勢組合來說有阻礙的情形，不好的影響還是很大。由於有損財的狀況，不要野心大想要過度投資，較會有金錢損失，務必謹慎應對為宜。

❸一九六二年（51年）　壬寅虎　58歲

前幾年的發展還不錯，但今年會因人際關係上的問題而產生扣分，容易跟人有摩擦爭執，是非多，加上整體大運受到阻礙，各方面不容易伸展，財運自然低迷。謹記平時行事謹慎，留意人際關係的加強，財運才有機會可以調整。

事業最佳前三名

❶一九七五年（64年）　乙卯兔　45歲

今年運勢很好，有貴人提拔，能夠掌握到正確的資訊和方向，無形中加強了發展的動能。各方面沒有甚麼太大的問題，會有很好的斬獲。

❷一九六五年（54年）　乙巳蛇　55歲

雖然逢歲破，卻是個逢沖必發的運勢組合，能夠掌握天時助大運，整體發展不錯，反而逆勢看漲，不過行事上還是要保持謹慎，穩定中求長，更顯亮眼。

❸一九九一年（80年）　辛未羊　29歲

今年有三合貴人的出現，財運、事業運都不錯，做事情會有水到渠成的狀況，要好好把握機會，有勞有得，不愁沒有一番成果。

事業最差前三名

❶一九五三年（42年）　癸巳蛇　67歲

今年天干地支方面的運勢組合都比較不好，沒有辦法掌握比較好的機會，壓力也會比較大，謹記留意情緒的問題，盡量行事保守，放慢腳步，平安即是福。

❷一九八三年（72年）　癸亥豬　37歲

本年犯太歲，運勢組合較不佳，事業運也比較低迷，競爭多、發展不順利，建議凡事盡量忍耐，保持低調、謙遜，也記得要去安太歲，

❸一九六三年（52年）　癸卯兔　57歲

今年有五鬼的問題，代表小人、是非多，常言道：「閻王好惹，小鬼難纏」，因此在發展上會有較多阻礙，身心疲憊，切記凡事不要過於固執。

桃花最佳前三名

❶一九八四年（73年）　甲子鼠　36歲

今年會有桃花出現，如果是未婚的朋友要加把勁，或許會認識不錯的適合對象。而對已婚的朋友來說，今年在貴人運、人際關係方面的運勢也會比較強。

❷一九九〇年（79年）　庚午馬　30歲

桃花運還蠻旺的，加上貴人福星的出現，整體來說在屬馬裡頭是最好的，未婚的朋友可以積極一點，多參加活動，認識好對象，已婚的朋友也可以設法提升人際關係，對於許多方面也會加分，但分寸記得拿捏好。

❸一九九四年（83年）　甲戌狗　26歲

今年在整體運勢的組合上算是不錯的，要好好把握桃花旺的一年，認真經營感情或人際關係。

桃花最差前三名

❶一九六二年（51年）　壬寅虎　58歲（男性）

本年度出生的男性，今年有人際關係的問題，或是容易有不好的桃花。注意自己與人來往時，態度要保持謹慎、低調，凡事三思而後行，避免衝動，那麼一切自然就會平安。

❷一九七二年（61年）　壬子鼠　48歲（女性）

算是屬鼠裡頭運勢比較受影響的，比較會出現不好的桃花，這點要多特別的留意。建議在交友、行事上謹慎以對，以防後患。不過還好今年貴人運比較強，可能會在處理相關問題時得到無形中的助力。

❸一九九二年（81年）　壬申猴　28歲

今年整體運勢雖然還可以，但是桃花方面比較會受影響，要預防出現不好的桃花，也容易導致相關的支出。還好本年度有貴人的協助，再加上自己凡事小心謹慎，就可以度過考驗。

預防健康問題前三名

❶一九五二年（41年）　壬辰龍　68歲

今年的運勢組合比較不好，犯死符凶星，健康方面比較容易出現狀況，家人也容易有一些問題，民俗上建議進行祈福的儀式，或者是正月十五前到廟裡點光明燈，這樣對運勢有加分。

❷一九八二年（71年）　壬戌狗　38歲

今年病符星入宮，健康方面比較會受影響，如果以大運而言，由於比較無法伸展的關係，算是屬狗的生肖裡比較運勢低的，還好今年有異性的貴人，可以針對自己的問題提供建議或幫助。

❸一九七三年（62年）　癸丑牛　47歲

由於喪門星入宮的關係，自己的身體或者是家人的身體多少容易出現一些毛病，因此要特別留意，有關於疾病、喪葬的場合都盡量避免，以免運勢受到影響。不過今年貴人運還算蠻強的，對相關問題的建議與處理都有助益。

預防血光意外前三名

❶一九五三年（42年）　癸巳蛇　67歲

本年度因為歲破、正沖的關係，算屬蛇的生肖裡頭受影響最大的，因此不管外出交通、運動、走路，都要注意安全，建議正月十五前到廟裡點光明燈，讓運勢提升。

❷一九八三年（72年）　癸亥豬　37歲

今年適逢太歲年，是屬豬裡頭運勢比較弱的，容易有血光之災。建議平日為人處事要低調，多溝通，保持謙虛，也要在正月十五前到廟裡安太歲，把問題減到最輕。

❸一九九三年（82年）　癸酉雞　27歲

是屬雞的生肖裡頭，在今年最需要注意的，受到不好的影響較大。由於犯天狗的關係，要預防血光之災、交通意外的發生，建議正月十五前到廟裡制天狗，會對自己更有利。

己亥年十二生肖流年、流月解析

肖鼠者運勢

（12、24、36、48、60、72歲）

本年整體運勢

屬鼠的朋友今年度運勢非常的好，因為有太陽吉星入宮，對男性的朋友來說，在財運、事業、健康等各方面都會有幫助，尤其貴人運會特別的旺，但要多加留意，不管已婚或未婚的男性，與異性相處都要小心拿捏分寸，如此才能在工作上有比較長遠的助力。相對於男性，女性運勢則是屬於比較持平的狀態，且在感情方面比較容易出問題，因此和異性來往相處要謹慎小心。

一九四八年（37年）　戊子鼠　72歲

今年運勢比較平穩，大方向而言，男性朋友算是在穩健中求成長上昇的階段，女性朋友則是相對平順。基本上來說，整體的財運和貴人運都算是不錯。

一九六〇年（49年）　庚子鼠　60歲

本年度出生的朋友，今年有貴人星、太陽入宮，所以整體來說是處於非常好的狀態，財運、人際關係等方面都算不錯。只要生活上有重心跟方向，運勢也會跟著加分。

一九七二年（61年）　壬子鼠　48歲

在這一年度要小心，因為以運勢來說，可能財運方面比較會受到影響，而且也會有比較大的壓力，尤其是在工作方面。不過還好今年有太陽吉星跟貴人，整體而言只要能夠保守行事，再多努力一點，應該是沒有什麼太大的問題。

一九八四年（73年）　甲子鼠　36歲

整體運勢來說非常的好，是屬鼠裡頭算旺的，貴人運非常非常的強，不管是工作、人際關係或是桃花也好，看起來都會有不錯的發展。特別是以男性朋友來說，是值得好好把握的一年，女性朋友也有不錯的表現。

一九九六年（85年）　丙子鼠　24歲

今年在錢財方面來看，支出會比較多一點點，各方面付出的時間、精神、體力來說會比較多，然而卻不見得會有相對的回報。不過還好今年會有貴人的輔助，所以只要維持好的人際關係，相信還是有不錯的成果。

二〇〇八年（97年）　戊子鼠　12歲

就整體運勢而言，今年保持在比較平穩的狀態。各方面來說，不管是在交友或者在校求學的表現，其實都還算是不錯。要把握求學階段，好好的加油。

每月運勢

（平）**一月運勢：**今年一開年的運勢平吉，但因為吉星高照的關係，整體的氣勢還是相當不錯，讓你也跟著心情大好。不過由於暗藏有漏財的可能，新春期間要注意控制消費，別一開春就把紅包都花光光。

（兇）**二月運勢：**本月份相較之下運勢比較低迷，做事方面容易遇到挫折，你可能也會因此變得固執己見，聽不進去別人的建議，成為大家的頭痛人物，所以要注意調整自己的心態，否則可能會因此誤事而帶來損失。女性朋友則要注意婦科方面的問題。

（吉）**三月運勢：**本月一掃上個月的陰霾，各方面運勢都很不錯，工作上遇到問題時，總會有貴人來幫忙，甚至為你帶來財運，尤其男性朋友更是強運。如果有與人合作的計畫，可以趁這個月執行，比較容易遇到好的夥伴，成事的機會也比較高。

（平）**四月運勢：**本月份的運勢平平，沒有太大起伏的這段時間，正好適合多安排一些休閒活動，去爬爬山、郊遊、鍛鍊身體，或者跟朋友一起出去聚餐交流，都能帶給你不錯的收穫。只是女性朋友要注意感情方面的問題，容易遇到爛桃花喔。

（兇）**五月運勢：**本月份你容易遇到跟別人怎麼樣都似乎不對盤的狀況，説話或者做事上面感覺卡卡，好像跟這個世界格格不入，讓你隨時想要發脾氣。不過還好有吉星的加持，讓這樣的狀況能有所減緩，但還是要保持一顆謙遜的心，就能平安度過。

（兇）**六月運勢：**這個月有固定男女朋友或已婚的人，要多注意感情的經營，否則容易出現問題。女性朋友尤其要特別注意接近的人，謹慎面對，才能避免爛桃花。另外，財務問題也是一個重點，這個月容易有漏財的危機，用錢方面要深思熟慮。

吉 **七月運勢：**本月份運勢不錯，雖然工作上會有來自上司的壓力，不過由於吉星照臨的關係，做事方面容易遇到不錯的夥伴，跟人洽談合作也會因為貴人的關係，成功的機率相對比較高，進而帶來不錯的財運，要好好把握喔。

兇 **八月運勢：**本月份的運勢比較低迷，要盡量低調謹慎。容易受到來自主管、長輩給的壓力，讓你心情不太好，內心常常產生想要跟人爭執、衝突的念頭，嚴重的話會導致合作破局，甚至引發血光之災。所以記得謹言慎行，退一步海闊天空，就能平安度過。

平 **九月運勢：**本月份相對是比較平順的月份，不過你仍然會感到有些壓力，特別是來自感情方面的問題，會帶給你一些困擾，不過由於今年有吉星照會的關係，只要好好面對、謹慎處理，多積德，就能順利平安。

吉 **十月運勢：**本月份運勢上揚，你會得到來自貴人的助力，工作或者生活各方面的運勢都很不錯，雖然會感到一些壓力，但有時候壓力才能帶來成長，只要自己多加努力，再加上良好的貴人運，困難自然迎刃而解。唯一要多注意的是健康問題，記得三餐正常以免引發腸胃抗議。

平 **十一月運勢：**本月運勢平穩，在錢財上會用的比較多一些，做事各方面付出的時間、精神、體力也會相對較多，不過卻總是有種做白工的感覺，但還好今年會有貴人的輔助，所以只要注意人際關係，相信還是有不錯的成果。

吉 **十二月運勢：**本月份運勢高漲，人際關係與工作運都很不錯，各方面運作都很圓融、成功。貴人也會為你帶來很不錯的助益，甚至年終可能也會有不錯的收入。但記得要仔細理財，否則容易支出較多，買到不需要的東西喔。

肖牛者運勢

（23、35、47、59、71、83歲）

本年整體運勢

屬牛的朋友今年整體運勢表現得不錯，不管在事業、財運、工作等各方面，都會有滿亮眼的表現。但因為本年度有喪門星入宮，因此要設法遠離有關疾病、喪葬方面的場所，也要預防家裡頭可能會有相關的事情發生，要多注意家人的健康，避免意外狀況發生。記得多幫助別人、行善事，無形中對人際關係、工作運方面都會加分。

一九三七年（26年）　丁丑牛　83歲

這個年度的朋友要特別小心，金錢上的支出會比較多一點點，有關錢財的事物要多加留意。健康方面來說，會比較容易出一些狀況，有身體的問題建議還是要到醫院看醫生、做檢查，不要只是服用成藥而已，這方面要稍微注意。另外就是盡量避免喪葬的場合，對整體運勢會比較好。

一九四九年（38年）　己丑牛　71歲

整體運勢屬於一個比較持平的狀態。在各方面的表現，例如人際關係、家庭運勢等都還算平穩，平常可以和親朋好友多到戶外活動，或是參加聯誼的場合，對自己的健康、運勢來說都算不錯的。

一九六一年（50年）　辛丑牛　59歲

今年整體運勢可說是非常的好，表現很亮眼，在財運、事業方面會有積極的成果。這個年份裡頭的長輩運、上司運、貴人運都很不錯，可以好好的努力衝刺事業、工作，建議多放一些心力在工作上喔。

一九七三年（62年）　癸丑牛　47歲

算是屬牛之中壓力比較大的，不論是工作上或者處在的大環境上，壓力可能承受得會比較多，因此會稍微辛苦一點點。還好今年有貴人的輔助，無形中對於各方面的表現能夠有所助益。記得盡量避免接近喪葬場所，讓運勢保持在還不錯的狀態。

一九八五年（74年）　乙丑牛　35歲

今年運勢非常的好，算屬牛中最好的，貴人運很旺，也有亮眼成績，上司或者是長輩跟你的關係也都維持得很不錯，會提供你相關的助力，你的努力會被注意。多多充實自己，強化在工作的表現，會有非常好的一年。

一九九七年（86年）　丁丑牛　23歲

整體而言，今年在工作上的表現滿優秀的，也有貴人的幫助，不過就是可能在開銷花費上的壓力似乎會太大了一點，建議財務方面要比較有規畫、有計畫地運用操作金錢，相信整體結果還是會不錯的。

每月運勢

平 **一月運勢：**本月運勢平平，新春伊始，可以到各廟宇參拜，四處走春，享受平順的時光。但要特別注意身體健康，不要因為新春期間放假就熬夜或者大吃大喝，好好保養，有病痛的狀況就要積極就醫，以免因病釀禍，傷身又破財。

平 **二月運勢：**本月延續上個月的運勢，是比較平穩的月份。由於今年健康是你的重要課題，正好趁著剛開春，好好安排自己的生活步調，規律作息，適當的鍛鍊身體，打好基礎。另一方面也要多關心家人，即使是小病也要認真面對。

兇 **三月運勢：**本月運勢不佳，尤其跟人溝通方面比較容易出問題，好像一下子就會跟對方一言不合而衝起來，不僅你覺得很困擾，周圍的人也會覺得你很難相處。再加上凶星的影響，可能會因此引起身體的問題，所以凡事忍讓，淡定看待，自能免災。

吉 **四月運勢：**本月運勢大好，度過比較鬱悶的上個月，這個月你會感覺全世界都來幫忙你，工作上貴人會為你帶來許多幫助，財運方面會提升，讓你很有感。如果自己或者家人有些身體上的老毛病，趁著這個月趕緊處理，比較容易遇到好醫生的協助喔。

兇 **五月運勢：**本月運勢下滑，要特別注意自己與家人的身體狀況，以免因此造成金錢上的損失。感情方面也要多留意，多付出關心，多傾聽少爭執，才能圓滿。喪事場合盡量避免前往，將不良的影響降到最低。

兇 **六月運勢：**本月份你會特別感受到來自各方面的壓力，跟周遭的人意見總是分岐，好像每個人都在跟你作對，而別人也覺得你變得很難搞，對你敬而遠之，讓你內心充滿孤獨、挫折感。所以建議你多往好處想，運動或者靜坐，多趨近正能量，排解負面情緒，以免內心太過糾結而影響健康。

平 **七月運勢：**本月份運勢相對平順，雖然還是會感受到一些壓力，在家裡可能會因為一些事情而被長輩碎碎念，工作上則會有來自主管的關切，不過這些只要好好面對，正向思考都能迎刃而解，另外就是盡量避免喪葬的場合，對整體運勢會比較好。

吉 **八月運勢：**本月運勢佳，你會有一掃陰霾，神采飛揚的感覺。做事方面比起先前順暢得多，團隊合作大家的溝通也比較有效、正面。雖然還是有些壓力，但在夥伴們的同心協力以及貴人的幫忙下，能得到滿意的成果，財運方面也有不錯的表現喔。

凶 **九月運勢：**本月運勢較低迷，特別是在感情方面容易出問題。不管是已婚的朋友或者交往中的男女朋友，要特別注意在相處上不要固執己見，不要自以為沒有人了解你。最好心平氣和的檢視，多傾聽對方的心聲，問題自然能迎刃而解。

吉 **十月運勢：**本月運勢佳，上個月遇到的感情問題可能仍然還沒有解決，但本月由於貴人運很不錯，會因為貴人的幫助而有所改善。工作方面也有機會遇到助力，讓你心情大好。要特別注意的是，別過度放縱自己，不管聚餐或日常飲食都要小心引發腸胃問題。

吉 **十一月運勢：**本月運勢持續上揚，貴人運比上個月更加暢旺，需要啟動的計畫、商談的合作都可以趁這個月的強運趕快進行，容易獲得有效的協助，也會遇到好的夥伴一起投入。只是用錢的方面需要多加注意，就能避免可能漏財的風險。

平 **十二月運勢：**本月運勢平吉，需要特別注意的是年底花費較多。可以幫自己安排一個健康檢查，給身體一個除舊布新的機會，把錢花在重要的地方。另外也可以多安排時間與家人相處，不僅可以促進家人的感情，也能提升自己的運勢。

肖虎者運勢
（22、34、46、58、70、82歲）

本年整體運勢

屬虎的朋友今年因為太陰星入宮，所以女性朋友運勢會非常的旺，不管是在事業、工作、財運、感情各方面，都會非常的順暢，也容易有異性貴人協助，包括上司、朋友、事業夥伴，都會有比較大的助力。相對地，對男性朋友來說，運勢方面就會壓力比較大一點，而且這個年份產生不好的桃花機率較高，也容易在情緒、態度上出現一些狀況，因此有時候原本很好的朋友，可能會出現一些摩擦和口角，建議今年要特別注意一下說話和應對態度，避免負面的情況發生。

一九三八年（27年）　戊寅虎　82歲

今年算是持平的一年，整體各方面來說都還算是不錯。以女性來說，今年的運勢稍微比較好，男性朋友則是要注意避免跟家人發生爭執、口角、摩擦的狀況，保持心情平和，自然就沒有什麼太大的問題。

一九五〇年（39年）　庚寅虎　70歲

整體來說狀況都還算不錯，無形中的助力比較多，算是滿好的一年。只要盡量維持良好的人脈、人際關係，自然一切就順利。

一九六二年（51年）　壬寅虎　58歲

這一年的朋友要特別小心注意，今年算是壓力比較大的一年，不管是整體大環境的壓力也好，周遭的壓力也好，或者人際關係上的壓力也好，都可能會造成心理的負擔，特別是男性朋友，要注意保持低調的態度，不要強出頭，勿與他人爭執，可保平安平順。

一九七四年（63年）　甲寅虎　46歲

今年度表現得非常亮眼，在事業、工作各方面來説，會有比較好的機會，特別是女性朋友們，可以好好的把握。而男性朋友在工作上也有不錯的表現，但要記得就是不要太過固執，尤其是針對工作或合作夥伴，都要盡量保持和諧的關係，一切就會比較順利。

一九八六年（75年）　丙寅虎　34歲

今年避免投資。女性朋友雖然有貴人幫助，運勢本身也旺，但牽涉到投資還是必須小心。男性朋友千萬不要只聽了朋友的話，不仔細評估就進行大型投資，以免將來因為財務問題而影響友情。

一九九八年（87年）　戊寅虎　22歲

女性朋友今年還不錯，是在平穩中力求好的表現，男性朋友則要留意，可能會有人際關係上的一些小狀況，記得避免受到有心人的影響，而產生友誼上的問題，這方面多加小心。

每月運勢

平 **一月運勢：**本月份雖然運勢平平，但今年逢吉星高照，整體的運勢是很不錯的，不妨偕同家人一起外出走春，拜訪朋友，為一整年奠定良好的人際關係，增加自己的好運氣。不過四處走走時，要注意自己的荷包，以免漏財喔。

吉 **二月運勢：**本月份運勢佳，尤其是女性朋友在各方面都會有人暗中助妳一臂之力，讓妳事事順心，工作運暢旺，人逢喜事，神采飛揚。男性朋友則要多注意自己的言行，不要隨意招惹感情問題，恐有破財危機。

吉 **三月運勢：**本月運勢仍維持在高檔，可以明顯感受到做起事來很順暢，女性朋友很容易獲得異性的幫助，財運也很亨通，表現得非常亮眼，要好好把握。男性朋友運勢同樣看漲，只是要多注意自己的言行與脾氣，不要與人爭執，即能享受美好的一個月。

凶 **四月運勢：**本月份運勢不佳。各方面會覺得十分勞累，但卻沒有獲得相應的回報，感覺像是在做白工。尤其要慎防小人暗害的問題，做事多留意，閒事莫管。理財投資要小心，以免破財。不過因為有吉星照臨，只要謹慎小心，即能免生事端。

吉 **五月運勢：**本月運勢上揚，一舉從上個月的谷底翻身。小人的影響消退，貴人登場，讓你做起事來特別事半功倍，先前出現的阻礙都能獲得解決，財運也跟著向上提升，尤其女性朋友更是好運旺旺來。男性朋友只要慎防爛桃花就沒有太大問題。

平 **六月運勢：**本月份運勢平平，只要順著平常的步調，穩穩地做事待人，自然能招來好運。行有餘力時，不妨多行善事，為自己累積福報。唯獨男性朋友，要盡量避免前往聲色場所，以免招

惹是非。

凶 **七月運勢：**本月份運勢不佳。總覺得凡事不順利，處處遇到阻礙，讓你火氣很大，一下子就想要對別人爆炸，小心小人正在暗處伺機而動。所以本月份你的行事心法是少説多做、閒事莫管、忍讓低調，自然能免災禍。

平 **八月運勢：**本月運勢平順，沒有特別煩心的事，不過還是有一些來自長輩或者上司的壓力，可能是交辦給你重要的任務，或者關心你的婚姻感情等等，讓你還是有點不能放鬆，不過凡事正向思考，努力踏實，就沒有太大問題了。

吉 **九月運勢：**本月運勢佳，工作上即使仍然有壓力，但會有得力助手對你伸出援手，或在關鍵時刻給你臨門一腳，讓事情順利進展。不過可別忙過頭了，均衡飲食很重要，以免引起腸胃問題。也要多關心另一半，以免影響感情，特別是男性朋友，要多加注意。

吉 **十月運勢：**本月份運勢整體而言還不錯，但有一些需要特別注意的地方，那就是要好好地控制自己的脾氣，特別忌諱跟別人起爭執口角，會帶來不必要的損失，影響人際關係，也會影響你的身體健康，還好有吉星照臨，冷靜應對即能平安。

平 **十一月運勢：**本月運勢平順，可以趁著今年不錯的事業運，在年底前好好衝刺一番，女性朋友有機會遇到不錯的對象，可以好好把握。男性朋友運勢雖然沒有那麼暢旺，但相對來説還是不錯的，有時間多行善積德，保安康。

平 **十二月運勢：**本月份運勢平平，正好又是年底，可以多花點時間在家務上，像是打掃家裡，或者安排跟家人聚會，都能增進彼此的情誼。工作上也可好好檢視這一年努力的成果，如果還有沒達到的目標，趁著吉星照臨的好運道，好好再衝刺一下。

肖兔者運勢（21、33、45、57、69、81歲）

本年整體運勢

屬兔的朋友今年因為三合吉星入宮，因此在人際關係、貴人運上面來說都還滿旺的，但要注意本年度有五鬼，五鬼代表小人，所謂「閻王好惹，小鬼難纏」，因此要慎防遭到小人或小道消息帶來的負面影響。遇事謹慎小心、做明確的查證和判斷，避免被誤導。不過整體來說，無論是工作、健康或考試各方面，只要冷靜、細心面對，都會有不錯的發展。

一九三九年（28年）　己卯兔　81歲

這個年度算是持平的狀態，不管是在健康、事業等方面都還不錯，但有時候容易受到一些流言蜚語的影響，產生無謂的誤會。保持平常心面對，退一步仔細去分析整體狀況，比較不會受到外在干擾。

一九五一年（40年）　辛卯兔　69歲

本年度算是滿不錯的，人際關係、貴人運也都滿好的，各方面都有不錯的表現，但是容易受到外頭閒言閒語的影響，導致情緒波動。建議多培養自己的興趣，勿理會小道消息，不受負面影響，自然運勢順暢。

一九六三年（52年）　癸卯兔　57歲

今年壓力較大，有大環境、工作上帶來的壓力，還有一些小人的問題，會有身心俱疲的狀況，因此建議專注在自己的工作上，勿受旁人蠱惑而貿然行事。謹記，退一步海闊天空，用正面積極的態度，再加上今年會有貴人的幫助，自然逢凶化吉。

一九七五年（64年）　乙卯兔　45歲

算是屬兔裡頭狀況最好的，無論是工作、財運等都會有亮眼的成績，再加上貴人運很旺，因此各方面來說，都會有很好的斬獲。要記得，凡事照自己的步調走，不要輕易受別人的影響，就會有更好的表現。

一九八七年（76年）　丁卯兔　33歲

今年在投資、工作方面來說，可能會付出很多時間、體力，但不一定有相對的成績出現，所以會覺得事倍功半，回報不成正比。面對這種狀況，其實不要給自己太大的壓力，無形中還是會有貴人出手幫忙；如果壓力太大，反而會導致情緒、判斷上的問題。努力積極面對，以平常心行事，說不定會有不錯的成果。

一九九九年（88年）　己卯兔　21歲

今年是一個有勞有獲的年份，一分耕耘一分收穫，有付出自然就會有回收，所以積極努力才是今年最重要的課題。不管是學業還是工作，確定目標，努力向前，成果是甜美的。

每月運勢

吉 **一月運勢：**本月運勢佳，凡事都能獲得貴人提攜，讓你一開春就有令人羨慕的好運道。不過由於今年犯五鬼的關係，可以趁著新春期間，在正月十五之前到廟裡去制五鬼，以降低凶星的不良影響。

平 **二月運勢：**本月運勢平平，可以趁著今年不錯的事業運，一開春就好好衝刺一下。只要特別小心小道消息，不要過度聽信傳言，慎防小人暗中阻撓，就能有不錯的表現。財運方面要注意，別亂花錢，有漏財的預兆。

吉 **三月運勢：**本月依然運勢上揚，在非常不錯的貴人運助力之下，各方面都有很好的斬獲。只是在做任何決定之前，一定要多方參考，不可聽信片面之詞，否則容易招來損失。另外，人際關係是重要的課題，保持謙卑，以防小人見縫插針。

平 **四月運勢：**本月運勢平平，可以趁此機會好好打理自己，例如安排一個仔細的健康檢查，或者整理家務。還是學生的朋友也可以利用這個機會多用功，會有不錯的收穫。平日只要保持好心情，不隨意插手他人事務，就能平順安康。

凶 **五月運勢：**本月運勢不佳。在凶星影響下，你會感覺內部爭執不斷，原本談妥的合作也有可能面臨破局。在這個月裡，最好時時保持清醒，多控制自己的脾氣，避免因為誤信謠言，而與夥伴產生爭執，會帶來不必要的損失。

吉 **六月運勢：**本月運勢高漲，不錯的年運再加上月運也極佳，讓你在事業及財運方面都有滿意的斬獲，如果有健康問題的人，在本月份也可能因為好的醫療而獲得解決。但凶星的影響還在，記得凡事多求證，不要道聽塗説。

平 **七月運勢：**本月運勢平平，不過你會感受到有一點壓力，可能是工作方面主管盯得比較緊，或是生活上長輩比平常還嘮叨，讓你有點吃不消。不過，往好處想這可能是自己成長的機會，踏實努力，謙遜待人即可。

兇 **八月運勢：**本月運勢不佳，很容易跟人意見不合，再加上五鬼星的影響，可能會讓你被錯誤訊息左右，而與長官產生衝突。或者受到小人的誤導，做出錯誤判斷，記得時時保持心平氣和，不隨意與人爭執。

吉 **九月運勢：**本月運勢很不錯，做起事來特別順暢，尤其是團隊工作的事項，更能讓你感受到有夥伴的好處，尤其合作、合夥相關的事業，特別順利，也能帶來相應的收入。不過可別忙過頭，飲食還是要正常，以免身體出問題。

吉 **十月運勢：**本月運勢佳，貴人運跟財運都很強，不過雖然如此，若是遇到有人告訴你一些生財的消息，還是要小心求證，仔細評估，以免不必要的損失。另外感情方面要多用心經營，不然可是會出問題的喔！

兇 **十一月運勢：**本月運勢不佳，尤其女性朋友要注意身體健康的問題，特別是婦科方面，一有問題就要趕快就醫。另外一方面，這個月你也會容易暴躁，一點小事就可能跟別人起衝突，要管好自己的脾氣，以免小人有機可乘。

兇 **十二月運勢：**本月運勢依然不佳，適逢年底，要多注意用錢方面的事情，有可能聽信推銷人員的話，沒有仔細評估，而花大錢買了不必要的東西，甚至因此跟家人有不愉快，賠了夫人又折兵，仔細規畫、小心求證，慎防小人，到年底一樣不能鬆懈！

肖龍者運勢（20、32、44、56、68、80歲）

本年整體運勢

以整體運勢來說，屬龍的朋友今年運勢並不差，尤其是在財運方面來說還算不錯，不過因為今年犯死符，建議少去喪事場合，也盡量減少探病的機會。健康方面，除了留意自身外，也要注意家中的長輩。總的來說，健康是今年需要注意的課題，身體如果有狀況記得要盡快就醫。

一九四〇年（29年）　庚辰龍　80歲

整體運勢看起來還滿不錯的，不過因為今年有凶星入宮，所以要注意自己的身體健康，有任何毛病的話要積極面對，注意保養，保持愉快心情，就不會有太大的問題。

一九五二年（41年）　壬辰龍　68歲

今年的壓力比較大，大環境造成的影響也好，自己心理層面也好，都有可能會造成過度的壓力。另外就是飲食方面必須要特別注意，留意會有腸胃炎之類的情況發生。建議多運動，多參加親友聚會，保持身心健康，就可以維持好的狀態。

一九六四年（53年）　甲辰龍　56歲

今年表現滿不錯的，大方向而言，不管是貴人也好，人際關係也好，看起來都滿好的。建議在這個年份裡，還在工作的朋友可以積極努力，事業方面可以看到一些成果，至於已經退休的朋友也可以多參加聚會，有助於人際關係的拓展，甚至是開創事業第二春。

一九七六年（65年）　丙辰龍　44歲

這個年度看來，比較要注意的是金錢方面的問題，整體運勢看起來容易出現漏財的情況，在投資方面必須要特別小心，避免因投資錯誤而造成損失。此外，健康方面也有些小狀況，要防止積勞成疾，小毛病變大毛病。

一九八八年（77年）　戊辰龍　32歲

今年是屬於比較平順、平穩的狀態，整體運勢不錯，不過健康方面會出現一些影響，所以維持良好的生活作息，是今年需要注意的一門課題。這方面有留意的話，整體運勢可以保持在一個很好的狀態。

二〇〇〇年（89年）　庚辰龍　20歲

今年運勢看起來滿不錯的，財運佳，長輩、上司緣也滿好的。要把握今年的狀態，積極努力衝刺，會有好的成績展現。

每月運勢

吉 **一月運勢：**本月運勢佳，一開春就有不錯的運勢，可以趁著新春假期到廟裡走春參拜，以增加自己的好運。另外，要特別注意新春期間的飲食要節制，別大吃大喝造成身體的負擔，今年健康是最重要的課題。

平 **二月運勢：**本月運勢平平，會有貴人助力，各方面相對來說還算順利。不過也要慎防凶星影響，特別在用錢部分要謹慎，否則一不小心就容易破財，造成金錢損失。感情方面也要多注意，凡事多溝通、忍耐。

凶 **三月運勢：**本月運勢不佳，在不好的運勢影響下，你可能會很固執己見，聽不進去他人的建議，看事情也容易思慮不周，只看到眼前，沒想到以後，造成你跟他人的爭執。不僅影響工作，也可能帶來健康上的問題，要多加小心。

平 **四月運勢：**本月運勢平平，趁此機會多關心家人的身體健康，尤其是家中長輩，如果有健康方面的問題，要積極處理，以免小病釀災。另外，喪事或探病的場合，盡量避開，將凶星影響降至最低，平日多積福德，自然平安。

平 **五月運勢：**本月運勢平順，工作上可以多花點心思，也能間接帶來不錯的財運。學生朋友如果趁此機會多努力，會有不錯的收穫，也可以多多運動，保持規律作息與飲食習慣，為身體健康打好基礎。

平 **六月運勢：**本月運勢平順，工作上可能會比較忙碌，主管要求會變多，你會感受到比較多的壓力，但由於今年事業運還不錯，有磨練就有成長，正向面對，困難自然能迎刃而解，還會有意外的獲得。除此之外，其他各方面都還算不錯。

吉 **七月運勢：**本月運勢佳，但生活上可能會有一些壓力，可能是長輩的健康問題，或你自身的健康問題，讓你不得不正視。不過還好，本月的貴人運非常不錯，他們會向你伸出援手，讓各項問題都能獲得解決，也能花少少錢就得到大功效。

吉 **八月運勢：**本月延續上個月的好運勢，貴人運依然很強勢，尤其是如果有跟人合作的項目，都能有好的成果，也能帶來不錯的財運，有機會升官加薪。不過，還是要多注意身體健康，別忙過頭了。

凶 **九月運勢：**本月運勢不佳，容易跟他人意見不合，特別是伴侶與家人，容易產生爭執口角。每個人的想法與觀念難免會有不一致的時候，建議你多多傾聽、換位思考，別一下子就衝動找人吵架，小心禍從口出，進而帶來身體上的傷害。

平 **十月運勢：**本月運勢平平，不過你還是會有點壓力，特別是感情方面的問題會困擾你，進而引發健康問題，尤其腸胃的部分，所以飲食要多留意，平日盡量保持心平氣和，跟另一半溝通時，多多傾聽。

吉 **十一月運勢：**本月運勢上揚，有想要衝刺的工作或者拖延很久想要解決的健康問題，都可以趁著本月份趕緊進行，良好的貴人運會幫你排除困難，讓你順利推進，找到對的方向，財運上也可能會有很不錯的進帳喔！

凶 **十二月運勢：**本月運勢不佳。很容易跟別人起衝突，有可能為了年節採購或者大掃除方面跟家人鬧得不愉快，工作上合作案也可能因為一時衝動而破局。為了避免因小失大，本月之內請盡量低調、忍耐，多一點善意，少一點衝突，自能平安度過。

肖蛇者運勢
（19、31、43、55、67、79歲）

本年整體運勢

今年適逢歲破，是個凡事都必須要小心、謹慎的年份，除了要預防車禍、血光以外，也容易出現金錢上的損失，或是官司、口舌方面的問題，不管是男性或女性，外出都必須要特別的小心。民間習俗上建議正月十五前到廟裡安太歲；平時不管做任何事情，保持低調、謹言慎行，才能在各方面平順發展。

一九四一年（30年）　辛巳蛇　79歲

今年運勢滿不錯的，雖然逢歲破，但只要在生活上保持謹慎小心，整體而言都還算好的，人際關係方面維持保守平穩，自然就諸事大吉。

一九五三年（42年）　癸巳蛇　67歲

在這個年份必須要特別注意情緒的問題，整體的壓力會比較大一點，盡量控制自己的脾氣，避免受到壓力的影響，一切都會比較平順；如果可以，抽空在正月十五前到廟裡安太歲、點光明燈，加強

運勢。

一九六五年（54年）　乙巳蛇　55歲

是這個年度裡頭屬蛇的生肖表現算好的，工作方面來說會有非常亮眼的成績，財運、事業運等也都比較旺。不過畢竟遇到歲破，所以建議行事盡量保持低調，穩定中求成長，反而會展現讓人滿意的成果。

一九七七年（66年）　丁巳蛇　43歲

今年要注意，不太適合做任何大型投資，因為一般而言，逢歲破在健康、金錢方面容易有損失，因此建議做任何事情都要小心，審慎評估，尤其是要避免有衝動型的投資。

一九八九年（78年）　己巳蛇　31歲

今年是還算平順的一年，在整體方面來說，算是平穩中力求成長。然而因為歲破的關係，還是建議保持低調、小心，以免招來無妄之災。

二〇〇一年（90年）　辛巳蛇　19歲

整體運勢還滿不錯的，不管是學業或是人際關係來說，都算是好的，不過要特別小心，行事不要太過高調，凡事量力而為，不要強出頭，以免發生不愉快的結果。此外，有關於交通、運動等方面，要稍微注意安全。

每月運勢

凶 **一月運勢：**本月運勢不佳，各方面都會讓你感到不太順暢，還有可能對別人伸出援手反而引來小人陷害。又由於今年逢歲破，在運勢上比較容易有血光、口舌的問題，建議在農曆正月十五日之前，到廟裡安太歲，以保平安。

平 **二月運勢：**本月運勢平平，由於今年是歲破的關係，凡事都要保持低調，出門在外不管是走路或者開車都要特別小心留意，以避免血光之災。與人相處也盡量和氣待人，不與人爭執，才能免去小人陷害，而帶來漏財問題。

平 **三月運勢：**本月整體運勢持平，在日子相對平順的這段時間，可以多行善事，有機會就多多幫助別人，為自己累積福德。事業上也可以多安排時間進修，為自己累積實力。

平 **四月運勢：**本月運勢依然平順，但由於歲破的影響，放鬆之餘還是不能太大意，與人交往、出入交通都要多留心，以免不小心禍從口出，引起不必要的紛爭，或者是因為不注意造成身體上的受傷，遭受血光之災。

吉 **五月運勢：**本月運勢很不錯，貴人運也強，比起前幾個月會明顯感到運勢上揚，各種阻礙在關鍵時刻都會有人伸出援手，讓你感覺很不錯。但也別忘了謙遜低調，心存善念與感激，才能維持好運勢。

吉 **六月運勢：**本月持續上個月的好運與貴人運，可以趁著這個機會，把自己的事業再往前推進，更上層樓。不過在行動前也要小心評估，雖然有貴人助運，但因為凶星的影響，可能會讓你有金錢上的損失，不可不防。

凶 **七月運勢：**本月凶中帶吉，要特別小心小人的問題，尤其這段期間你很容易控制不住而與人有爭執，打壞合作關係，進而造成損失。再加上小人暗中破壞，都會讓情況雪上加霜，還好貴人運還不錯，能降低一些不好的影響，所以最好小心行事，以免災禍。

吉 **八月運勢：**本月運勢很好，強運讓你一掃先前的陰霾，貴人運很強，做任何事情都很順利，有升官加薪的可能，不過同時來自主管的壓力也會變大，但只要好好應對，應會有不錯的成果，也要別忘了盡量保持低調謙遜。

平 **九月運勢：**本月運勢平吉。趁此秋高氣爽的時節，有伴侶的人可以安排一些旅遊，增進彼此的關係，如果有感情問題，也要小心處理，以免生變。飲食方面，盡量吃得養生，好好保養，以維持良好的健康狀態。

凶 **十月運勢：**本月運勢不佳，特別是在感情方面，你跟對方的想法與觀念可能差距越來越大，意見不合導致衝突，不可不小心應對，多多關心對方的需要，少一點自我中心，才能讓感情長長久久。行事方面也要避免跟人產生爭執，嚴重的話可能會帶來血光之災。

平 **十一月運勢：**本月運勢平平，工作或者生活上還算平順，如果有安排出外旅遊，要注意交通問題，也別衝動亂花錢，有漏財的可能。出門在外，閒事莫管，獨善其身即可免災。

吉 **十二月運勢：**本月運勢很不錯，特別是財運亨通，年底的獎金很值得期待。貴人運也很不錯，如果想要轉換跑道，只要多方詢問，都能得到他人的幫助，像是介紹工作，或提供寶貴的經驗等，讓你獲益良多。

肖馬者運勢

（18、30、42、54、66、78歲）

本年整體運勢

屬馬的朋友這個年度整體運勢非常旺，有龍德星入宮，吉星高照，貴人運佳，容易受到注目、提拔，工作上晉升、發財的機會不錯。未婚的朋友則要把握，可能會有好的桃花出現。建議今年穩紮穩打，事業在既有的良好基礎上求發展，這樣就會有亮眼的成績出現。

一九四二年（31年）　壬午馬　78歲

在這個年份裡頭，可能會覺得大環境帶來的壓力比較大，但還是要設法不要讓壓力對心理造成影響。今年也不要隨便投資，稍有不慎容易造成損失，好在有吉星入宮，謹慎小心應對就能平平順順。

一九五四年（43年）　甲午馬　66歲

整體表現非常亮眼，雖然在投資、財富累積上可能沒有太大的進步，不過人際關係會積極地拓展，建議多多參加一些社團、交際的活動，能夠認識新朋友，相信會讓你在這個年度過得非常平穩而開心。

一九六六年（55年）　丙午馬　54歲

運勢看起來滿不錯的，而且吉星高照，尤其人際關係在這個年份裡頭有很亮眼的表現，不過要特別注意，今年不適合做大型的投資，也不適合在獲利後持續地加碼，建議見好就收，這點務必謹記。

一九七八年（67年）　戊午馬　42歲

今年是平順的一年，不但有吉星，也有好的人際關係，整個方面來說表現都不錯，算是在穩定中求成長的一年，可以好好的經營事業和人脈。

一九九〇年（79年）　庚午馬　30歲

是桃花比較旺盛的一年，未婚的男女朋友都可以稍微積極努力地去認識對象，可能比較容易有好的機會產生，因此要把握，多多參加社交活動，拓展交友。另外，今年在財運方面也會有不錯的成績出現。

二〇〇二年（91年）　壬午馬　18歲

今年父母提供的零用錢、自己打工努力得來的錢財都還不錯，人際關係、參與社團活動的成果也很好，不過求學的年紀最重要的就是課業的表現，如果可以更加努力，將會有亮眼的成績。

每月運勢

(吉) **一月運勢：**本月運勢極好，再加上今年有吉星照臨，一開春就有很強的貴人運，讓你做起事來特別起勁，也能得到很不錯的成果。財運也相對地好，過年期間有望得到滿意的紅包收入，不過要謹慎花費，衝動消費恐有漏財的危機。

(凶) **二月運勢：**本月運勢較差，你容易耐心不足，跟人討論幾句話就大暴走，不僅會影響到工作上的團隊精神，也可能讓正在進行中的一些合作破局，所以要記得保守忍讓為第一要務，再加上吉星的加持，就不至於帶來太大的問題。

(凶) **三月運勢：**本月運勢依然比較低迷，要特別留意感情上的問題，在不好運勢的影響下，一些早已存在的問題可能會被放大，如果沒有好好面對，恐怕會不可收拾。金錢方面也有損財的跡象，最好是認真規畫理財，保守花費。

(吉) **四月運勢：**本月運勢大幅提升，在吉星的加持下，各方面都會順暢許多。工作運很不錯，可以趁這個機會好好衝刺一下，感情方面也有機會透過貴人的介紹，而遇到不錯的對象，要好好把握。

(凶) **五月運勢：**本月運勢不佳，你會變得很執著，聽不進別人的意見，做事情又容易虎頭蛇尾，不僅自己情緒不好，跟你共事的人可能也會感到很暴躁，進而造成爭執、衝突。還好今年有吉星的關係，多少可以化解不好的影響，但謙和待人、以退為進是不敗守則。

(吉) **六月運勢：**本月運勢大好，讓你在各方面都大放異彩。在感情方面，未婚男女都可以積極努力去認識對象，如果有朋友介紹，也不妨去看看，在好運勢的加持下，容易遇到不錯的對象，工作運也很強，有升官加薪的可能，要好好把握。

平 **七月運勢：**本月運勢平平，生活上可能不見得輕鬆，有一些需要你去解決的工作或事物，你還是會覺得頗有壓力，不過因為今年整體運很不錯，所以工作上有付出就有獲得，努力表現還是會有不錯的回報，撐過壓力就能享受美好果實。

平 **八月運勢：**本月運勢平穩，延續上個月的中上運勢，生活上可能會面對長輩的關心，像是希望你趕快結婚啦、考個好大學啦之類的關心，讓你感到比較悶，不過有吉星加持之下，只要設定目標，用穩健踏實的步伐，成功的機率是很高的喔！

吉 **九月運勢：**本月運勢佳，不但吉星照臨，貴人也為你帶來不錯的人際關係，可以趁此機會好好經營事業和人脈。不過衝刺工作的同時，也不能忽略對於感情的經營以及注意自己的身體健康，否則可能會有不良的影響。

平 **十月運勢：**本月運勢平平，你可能會有一點壓力，即是來自感情方面的困擾會浮上檯面，不過由於今年婚姻、感情運勢不錯，因此如果發生問題，正好是可以提出來好好檢視、找尋解決方式的機會，在吉星的加持下，有望迎刃而解。

兇 **十一月運勢：**本月運勢不佳，在與人相處上突然好像頻率都接不上，意見老是不對盤，就連平常溝通順暢的人好像都要跟你作對一樣，你說甲、他說乙，讓你很想找人吵架。雖然在吉星的照看下，會降低不少不良的影響，但還是要記得謙沖忍讓為佳。

平 **十二月運勢：**本月運勢平平，接近年尾的時刻，可以好好享受年節的氣氛，找時間把家裡除舊布新，也是提升運勢的方式。不過，在採辦年貨時可要好好規畫，否則很容易一不小心花了太多錢，或者買了不必要的東西而因此漏財。

肖羊者運勢（17、29、41、53、65、77歲）

本年整體運勢

屬羊的朋友本年度要注意有白虎星入宮，凡事要特別留意，無論是騎車開車、工作場合、運動走路，或是參加各方面的活動，都要小心安全，也勿因想法觀念的差異，而與他人產生爭執，記得以和為貴。建議正月十五前到廟制白虎、點光明燈，讓諸事順利。不過還好今年有三合吉星入宮，財運、貴人運、事業運等運勢算是不錯，只要行事謹慎，自然逢凶化吉。

一九四三年（32年）　癸未羊　77歲

要特別注意財務相關狀況，有可能會因為健康上的問題，而導致金錢的支出。另外，也要留意投資所造成的損失，像是可能看到高報酬的機會而心急，或是有親友前來借貸，在今年來說，可以的話能夠避免會比較好。

一九五五年（44年）　乙未羊　65歲

整體運勢看來還滿好的，尤其人際關係來說是不錯的一年，因此建議在這個年度裡，可以多參加一些社團活動，認識新朋友們，多多經營人脈，對於工作的發展或是開創事業第二春，都有好的助益。

一九六七年（56年）　丁未羊　53歲

今年要特別小心金錢支出，首先交通方面，騎車、開車要留意，避免因為受傷而有金錢上的花費，其次就是運勢上不太適合投資。還好有吉星入宮，只要行事謹慎，各方面來說稍微注意，就可以避免問題的產生，把損失減到最低。

一九七九年（68年）　己未羊　41歲

運勢相對平順的一年，人際關係拓展得還不錯，算是穩健中求成長，但是要留意有白虎凶星，造成血光意外的狀況，建議到廟制白虎，把不好的影響降到最低，這樣的話在各方面就比較順利。

一九九一年（80年）　辛未羊　29歲

整體來說滿不錯的，無論是人際關係、財運等方面來說，都算是好的。不要錯過機會，要好好把握，繼續努力，加上有貴人的幫助，自然有亮眼的成績。不過努力之餘，也是要留意交通、健康方面的問題，避免過度衝刺而導致毛病的累積。

二〇〇三年（92年）　癸未羊　17歲

今年在人際關係的開展、功課學業方面看起來都還不錯，但平時活動、運動要小心，避免因碰撞導致受傷，稍微留意一下就沒有太大的問題。

每月運勢

(平) **一月運勢：**本月運勢相對平順，但由於有白虎凶星的影響，要注意避免血光意外。農曆正月十五日之前，到廟裡制白虎，就能把不好的影響降到最低，各方面的發展就會有不錯的成績，平順安康。

(吉) **二月運勢：**本月運勢很不錯，貴人運亨通，再加上今年整體的工作運很不錯，可以趁這個月的好運勢，在新年伊始好好衝刺一下事業、學業，為今年的成績打下基礎，也能帶來不錯的財運。不過，外出上學、工作或者玩樂，還是要多加小心交通問題，避免意外。

(平) **三月運勢：**本月運勢平平，可以趁這段時間多用點心經營人際關係，對於日後事業、學業的發展都有正面的助益，但平時運動或外出工作時，要小心避免碰撞導致受傷，也盡量不要跟人有衝突，就不會有太大問題。

(吉) **四月運勢：**本月運勢很不錯，月運跟年運都為你帶來很強的貴人運，值得好好把握，在工作上多加努力，容易得到成果，財運也會因此上揚，讓你的心情很好。不過凶星的影響還是不能忽視，工作時如需使用工具也要多加留意。

(吉) **五月運勢：**本月運勢更上一層樓，如果平日有付出努力，本月可能會有升官加薪的機會。雖然壓力會大一點，但做任何事情都會有貴人出來幫你一把，排除困難，有付出就有成果，可望交出亮眼的成績。

(平) **六月運勢：**本月運勢平順，依照平常的步調來待人處事，就不會有太大問題。工作努力之餘，也要留意交通、健康方面，避免過度勞累而導致健康出狀況，或者是因為精神不濟而引起血光的問題。

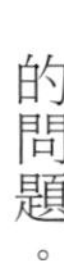

七月運勢：本月運勢依然平穩，建議可以多參加一些社團活動，認識新朋友，多多經營人脈，對於工作的發展或是開創事業都會有好的助益。在工作上會受到主管的關注，相對的也會帶來比較大的壓力，以平常心面對，就不會有太大問題。

八月運勢：本月運勢是穩健中求成長，由於今年財運及貴人運相對來說都還不錯，可以趁此機會好好規畫財務。工作之餘也可以利用這段比較平穩的日子，安排旅遊、與家人聚會，只要出入多加留意，就能平順安康。

九月運勢：本月運勢不佳，要多加留意，特別是與人相處、討論事情的時候記得要心平氣和，否則很容易產生爭執，讓你挫折感很重，嚴重的話還會因此而造成血光意外，連帶的財運也會受影響。記得好好管理自己的情緒，一切以和為貴。

十月運勢：本月運勢很不錯，工作或創業方面有想要推行的重要事務，可以趁這個月提出來，在貴人運強勢協助之下，成功的機率會比較大。另一方面，跟家人之間如果有不愉快或者有需要解決的問題，本月也有機會可以和解，要好好把握。

十一月運勢：本月運勢不佳，尤其要特別小心金錢支出，不要隨意投資，以免損財。交通方面，不管是騎車、開車都要多加留意，避免造成血光之災，且可能會因此而有金錢上的損失，小心謹慎，以保平安。

十二月運勢：本月運勢不佳，容易跟他人意見不合，在固執己見的情況下，有很高的機會與人發生口角、爭執，不僅會影響到事業的進展，也可能造成金錢的損失。還好有吉星的加持，能降低影響，不過還是要多注意管理情緒，才能好好準備過年。

肖猴者運勢

（16、28、40、52、64、76歲）

本年整體運勢

屬猴的朋友今年整體運勢來說還不錯，有顆非常旺的福德吉星入宮，運勢好，無論是工作上、財運上來說，都容易有貴人輔助，使得做事順利，如魚得水。雖然看起來收穫滿不錯的，不過建議凡事要見好就收，不要投入太大的投資，以避免金錢上的損失。如果能夠稍微保守一點，避免太貪心，這些收穫才會是穩定、實質的成果。

一九四四年（33年）　甲申猴　76歲

今年要多加留意健康方面的問題，避免因身體出狀況而導致金錢上的支出。其餘的部分來說還算不錯，人際關係方面的開展也會有好的成果，保持平常心，一切自然順利。

一九五六年（45年）　丙申猴　64歲

整體狀況基本上還不錯，人際關係、人脈拓展都很好，不過要注意的是這個年份不太適合投資，行事保守一點，可以避免無謂的損失。

一九六八年（57年）　戊申猴　52歲

如果能夠稍微保守一點，避免太貪心，這些收穫才會是穩定、實質的成果。加上有吉星拱照配合，相信會有好的成果展現。

一九八〇年（69年）　庚申猴　40歲

整體運勢來說非常好，像是健康、財運、事業、人際關係都很不錯，可以好好拓展事業，只是要留意，今年不適合做太大的投資，以免造成財務上的損失。

一九九二年（81年）　壬申猴　28歲

今年運勢還算是平順，但是看起來壓力會稍微大一點，不管是大環境也好，或是在工作、學業各方面都會有一些挑戰，也要留意不要抱持太大的野心去做過多的投資，容易會有金錢的損失，保守一點為佳。

二〇〇四年（93年）　甲申猴　16歲

今年運勢非常旺，可說是旺中之旺，在屬猴裡頭算運勢最好的，不管是學業或者是人際關係都很好，和老師、長輩的溝通也沒問題，可以掌握全盤的局勢，所以務必好好立定目標，努力讀書，會有很好的成績。

每月運勢

凶 **一月運勢：** 本月運勢不佳，一開春就心情不太好，不僅想法跟周遭的人沒有辦法溝通，就連新春出遊都有機會遇到跟人爭執的狀況，再加上犯小人，可說是雪上加霜。不過由於整體的運勢很不錯，只要退一步、莫管他人事，自然就能化解。

平 **二月運勢：** 本月平吉，整體狀況還不錯，人際關係有進展，尤其在吉星帶來好的影響之下，做事情比較順利，成功的機會大增，不過凡事還是要保守低調為宜，以免收穫多，損失也多。

吉 **三月運勢：** 本月運勢佳。在貴人的幫助之下，工作的推展、課業的學習都能有跳躍式的成長。投資理財方面雖然有不錯的財運，但心態上要稍微保守一點，避免太貪心，才能確保持有這些努力的成果。

凶 **四月運勢：** 本月運勢凶中帶吉，會有小人虎視眈眈，隨時想見縫插針，可能引發你跟工作夥伴之間的矛盾、爭執，也會讓你總是做白工。還好貴人運不錯，關鍵時刻會有貴人出來為你化解困難，待人處事記得謙沖、包容，自能免災。

平 **五月運勢：** 本月運勢平平，相對來說是比較輕鬆的一個月份。可以趁這個機會安排一趟旅行，或者多花時間跟家人相處，都能讓你心情飛揚。不過，如果有理財上的規畫，記得今年比較不適合做太大的投資，保守為宜。

平 **六月運勢：** 本月運勢平順，延續上個月的輕鬆氣氛，讓你可以悠閒度日，可以趁這個相對空閒的時候，規劃進修或多接觸與專業有關的事物，都會很有幫助。投資方面，建議凡事要見好就收，不要太貪心，避免金錢上的損失。

平 **七月運勢：**本月運勢平平，但沒有前幾個月那麼悠閒，你會感覺到有一些壓力被放到你身上，來自長官或者長輩的關注，讓你輕鬆不起來，不過也別太擔心，腳踏實地、好好努力，就不會有太大問題。財運的部分，跟前幾個月的運勢一樣，不要野心太大，一切保守為宜。

吉 **八月運勢：**本月運勢佳，在年運與月運的加持下，有如虎添翼的態勢，有利於事業的推展，雖然被交辦的事務可能負擔很重，但在腳踏實地的努力之後，可望交出亮眼的成績單，可以好好把握。

吉 **九月運勢：**本月依然運勢強勁，工作運很旺，會讓你非常忙碌。在家庭裡，也會成為眾人關注的焦點，會承受比較多來自長輩的關心及壓力。在吉星的幫助下，多能完成任務，不過要注意健康方面的問題，避免因身體出狀況而導致金錢上的支出。

凶 **十月運勢：**本月運勢不佳，感情方面的問題會給你帶來很大的困擾，不過如果能趁這個月好好跟對方冷靜面對，找出解方，也未嘗不是一件好事。另外，財運方面不太理想，要好好規畫花費，否則會有破財的可能。

吉 **十一月運勢：**本月運勢佳，貴人回歸，工作或生活上都能順暢。如果今年在工作上有努力付出，那麼在這個月份就很有升官加薪的可能喔。凡事如果能夠稍微保守一點，則更能享受到這些甜美的果實。

平 **十二月運勢：**本月平順，年節將屆，正好利用這個平順的月份，用愉快的心情好好準備過節。在吉星的加持下，可能會有不錯的收入，但不論是採辦年貨、購買禮品都別衝動消費，以免漏財。投資方面也是三思而後行，就不會有太大問題。

肖雞者運勢（15、27、39、51、63、75歲）

本年整體運勢

屬雞的朋友今年度有天狗星入宮，要特別注意車關、血光等狀況，因此外出或是騎車、開車、工作的場合等都要多留意。天狗是凶星，建議正月十五前到廟裡制天狗，以減低不好的影響。除此之外，整體而言算是持平，其中工作運算是比較好的，尤其在今年度到外地發展的機會比較多一點，因此如果有相關機會，可以好好把握。

一九四五年（34年）　乙酉雞　75歲

今年運勢看起來是好的，可以多參加一些社團活動，或者是跟朋友多聯絡、多交際，對於拓展人際關係很不錯，不過活動的形態要選擇一下，盡量減少像是登山、競走或是騎車的活動，以避血光之災。

一九五七年（46年）　丁酉雞　63歲

整體運勢來說必須要特別小心，因為這個年度不太適合做投資，也不太適合借錢給別人，更要避免意外狀況的發生。今年是比較屬於守成、守分的年份，建議正月十五前到廟裡制天狗，一切會比較順利。

一九六九年（58年）　己酉雞　51歲

這個年頭運勢算是比較持平的狀態，大方向來說尚可，算是設法在平穩中求成長，因此要避免暴衝，不要做太大的變動，保守以對，只要掌握適當的機會即可。

一九八一年（70年）　辛酉雞　39歲

整體運勢來說非常不錯，財運、事業、工作運來說都算是好的，各方面都有機會展現亮眼的成績，比較沒有太大的問題，但要留意，可能因為工作上時間抓得比較緊一點，而有一些壓力呈現，所以騎車、開車的時候自己要小心留意。

一九九三年（82年）　癸酉雞　27歲

算是壓力比較大的年份，也許是整體的大環境，或是上司、家庭、財務上的關係，導致在這個年頭總是覺得壓力很大，建議調整心態，正面面對上司、長輩給的意見。今年因為希望看到更好成績，會很積極努力地衝刺，所以外出交通、出遠門之類的必須要小心注意。建議正月十五前到廟裡制天狗，會對自己更有利。

二〇〇五年（94年）　乙酉雞　15歲

整體方面來說真的很不錯，學業、人際關係來說都很好。當然，青少年時期會比較活潑好動，有一些小細節要注意一下，不管是打球也好，騎車也好，都要注意安全，也要慎選活動的場所，這樣會更好。

每月運勢

（平）**一月運勢：**本月運勢平平，但由於受到天狗凶星的影響，建議農曆正月十五日前到廟裡制天狗，以降低凶星的影響。新春期間可以安排四處走出，增強好運勢。不過，外出時，不論是行車或者搭車，都要特別注意小心，以避免血光之災。

（凶）**二月運勢：**本月運勢不佳，不僅與平日就不合的人衝突可能檯面化，連好朋友都有可能讓你覺得無法溝通，這種意見或者觀念的不合會使你覺得很煩躁，如果沒有好好控制情緒，就容易跟人起爭執，嚴重時還可能帶來血光意外，盡量忍讓為宜。

（吉）**三月運勢：**本月運勢佳，做起事來特別清爽，感覺阻礙變少了，原本卡關的事情都有可能在本月獲得解決。外派的人更有機會在外地大展身手，發光發亮，可以好好把握。不過由於有凶星的影響，出入的交通要特別小心。

（吉）**四月運勢：**本月運勢提升，工作運很不錯，如果是團隊合作，可以明顯感覺到夥伴對你有很大的幫助，外在環境也都對你有利，讓你可以放心地往前衝刺，連帶的財運也跟著明顯上揚。要特別注意的是，如果有投資計畫，要小心評估，否則可能有損財庫。

（平）**五月運勢：**本月運勢平平，各方面堪稱平順，由於今年適合到外地發展，如果有相關的機會，可以好好把握；如果沒有外派的機會，也可以安排到外地的旅行，多走走看看，不僅可以帶來好的運勢，旅行途中也會吸收一些對你有幫助的訊息。

（平）**六月運勢：**本月運勢平順，如果手邊有點閒錢，可能會想要做一點投資，建議你要保守為宜，雖然今年財運及工作運還不錯，但是因為有凶星的影響，不適合做太大的變動，以免招財不成

反損財，還好多加留意就不會有太大問題。

吉 **七月運勢：**本月運勢不錯，工作、生活各方面都有發展，一些長期以來難解的困難，在這個月份可望藉由貴人的協助而獲得舒緩。所以不論是什麼樣的問題，都要把握這個月份的機會，不要逃避，直接面對問題，好好解決。

凶 **八月運勢：**本月運勢不佳，不管在生活上或者工作上，都容易變得異常固執，聽不進別人的話，會有衝撞長輩或者主管的可能，造成自己更大的壓力。在這段很容易陷入眼前、沒思考到後面的時期，記得時時提醒自己，多聽多看，情緒管理。交通小心，以免釀災。

平 **九月運勢：**本月運勢吉中帶凶，好的部分是貴人運很強，遇到任何阻礙都會有貴人出面幫助；但在財運部分可能會有比較大的危機。所以，本月盡量不要做太大的投資，也盡量不要借錢給人，以避免金錢上的損失。

平 **十月運勢：**本月運勢平平，要多注意身體方面的問題，特別是腸胃的部分，可能的話盡量減少應酬，與朋友聚餐也要適可而止，別大吃大喝以免傷身。感情的部分，本月也要特別付出心力，否則容易出問題。

凶 **十一月運勢：**本月運勢不佳，對許多事情容易感到不耐煩、看不順眼，尤其可能會跟一起工作的夥伴或者家人產生爭執，成為大家眼中的麻煩製造者。一定要好好控制自己的情緒，否則可能因此而帶來血光意外。另外，出入交通需要特別注意。

吉 **十二月運勢：**本月運勢很不錯，可以趁今年的最後一個月好好在事業上衝刺，在不錯的財運、貴人運、工作運拉抬下，可望獲得亮眼的成績，有機會領取令你滿意的年終獎金。在採辦年貨禮品上，也有可能買到不錯的物品，讓你心情飛揚。

肖狗者運勢（14、26、38、50、62、74歲）

本年整體運勢

屬狗的朋友今年病符星入宮，身體方面容易出問題，所以要多加保養，注重飲食和運動，常出外走走，避免積勞成疾；也要多留意家中長輩的健康。不過今年也有吉星入宮，有利於與異性朋友、同事、上司溝通，因此整體運勢來說，除了健康方面的一些影響之外，其他各方面來說都還算不錯。

一九四六年（35年）　丙戌狗　74歲

整體看來，可能比較會有金錢上的支出。要注意自己的身體健康，維持運動的習慣，會讓運勢提升，如果都不動，反而讓元氣耗損。身體上有什麼小問題就要注意保養，以免慢慢累積成更大問題。

一九五八年（47年）　戊戌狗　62歲

整體運勢來說是平穩中求成長，事業、工作、人際關係方面都還不錯，但要稍微留意健康的問題；不過，只要懂得保養，就不會有太大的狀況。

一九七〇年（59年）　庚戌狗　50歲

今年整體運來說算滿好的，人際關係非常不錯，在財運上也多有斬獲，事業運也有好的表現，但是要注意健康狀況，避免積勞成疾，這個部分稍微注意一下會更好。

一九八二年（71年）　壬戌狗　38歲

在屬狗裡面算是壓力比較大的，可能是因為大環境的影響，讓你在各方面都會覺得壓力大一點，導致精神上、健康上容易出狀況，要多加留意，避免過度壓力、勞累的產生，至於其他方面來說則還算是不錯。

一九九四年（83年）　甲戌狗　26歲

今年整體表現非常好，大方向來說算是滿順遂的，以屬狗來說算是很好的，在人際關係和財運上都很不錯，可以好好掌握今年的工作運。不過在衝刺工作之餘，也是要留意身體健康，要適時休息，不要過度勞累。

二〇〇六年（95年）　丙戌狗　14歲

功課、學業、人際關係表現得都還不錯，唯一的問題就是金錢支出可能會大一點，記得要避免衝動消費，買東西前稍微想想是否合適，是否必要，這樣會比較好。

每月運勢

（吉）**一月運勢**：本月運勢很不錯，一開春就有好兆頭。人逢喜事精神爽，貴人星多，人脈方面也有很大的進展，到哪裡都很受矚目。不過由於今年有病符星入宮，在飲食方面要多注意，也不要玩得太過而熬夜，身體會吃不消，容易出問題。

（吉）**二月運勢**：本月運勢依然強勢，工作上得心應手、事半功倍，生活上也很順心，各方面都會有不錯的進展，值得好好把握，努力衝刺。健康是你今年最重要的課題，平日就要多養生，適時運動，工作忙碌也別忘了照顧身體，以免積勞成疾。

（兇）**三月運勢**：本月運勢不佳，有可能會因為意見不合，而導致談好的或進行中的事情破局，因此，這個月盡量低調，有重要的合作最好避免在這個月提出來。減少與他人的爭執。記得，退一步海闊天空，多傾聽，低調保守，即能平安。

（平）**四月運勢**：本月運勢平平，可以趁著這個比較輕鬆的月份，安排健康檢查，有任何身體上的問題，盡快把握機會處理。另外，對於家人也要多付出關心，尤其是長輩的身體狀況要多留意，平時多保養，就不會有太大問題。

（吉）**五月運勢**：本月運勢上揚，前幾個月遇到的難解問題，工作上或健康上，都有可能在這個月獲得解決的方法，以使事情進行下去。所以可以趁著這個月的好運，把手上一些想要進行的事物，好好衝刺一番。另外，本月的財運也很不錯。

（兇）**六月運勢**：本月運勢不佳，跟人合作會有破局的可能，團隊內部可能會出現不同的聲音，容易引起爭執、矛盾。建議如果有重要的案子洽談，盡量避開這個月份。而與人討論事情時，脾氣別太衝，就能把影響降到最低。

吉 **七月運勢：**本月運勢不錯，雖然工作的壓力仍在，但已經比上個月減緩許多，遇到阻礙會有得力助手出面解套，讓你總算可以鬆一口氣。不妨趁此機會調整一下生活的步調，多花點心思在身體保養上，以免太過勞累，帶來健康的問題。

平 **八月運勢：**本月運勢凶中帶吉，金錢方面的問題要特別小心處理。如果有大筆資金進出的事業，這個月要特別謹慎、小心；如果是理財方面，則盡量避免在本月做太大的變動，否則會有破財的可能。

平 **九月運勢：**本月運勢平順，如果有異性朋友邀約，不妨大方地參加聚會，有可能會因此獲得一些不錯的訊息與幫助。但切記，應酬或聚餐時，飲食要多加注意，不要暴飲暴食，本月份腸胃部分容易出問題，再加上年運不佳的影響，可能因小病而釀災。

平 **十月運勢：**本月運勢平吉，跟上司的溝通相對順暢，可以趁這段時間好好努力，可望交出不錯的成績單。感情上則要多付出點心力，趁著天氣好跟另一半一起去戶外走走，有利於感情的提升，當然身體保健還是不可以疏忽。

平 **十一月運勢：**本月運勢延續前幾個月的平順，且相對比較輕鬆。工作上的壓力減輕了，可以趁這個機會安排旅行或上課充電，都是不錯的選擇。不過，別因為開心就衝動購物，本月份有漏財的預兆，可要小心看管荷包。

凶 **十二月運勢：**本月運勢不佳，容易變得很固執，對事情有自己的看法，不過會因為完全聽不進去別人的意見而遭受阻礙，不僅讓你感到很挫折，還會有種「全世界與我為敵」的孤獨感。建議你放開心胸、廣納人言，度過這個月後事情自然會有進展。

肖豬者運勢

（13、25、37、49、61、73歲）

本年整體運勢

屬豬的朋友今年整體運勢來說還算不錯，但是因為犯太歲，要特別留意交通的狀況，血光的機會可能比較高，此外處事也要謹言慎行，避免與人產生衝突，這部分稍微注意一下，就不會有什麼太大問題。不同年份出生的朋友運勢稍微有不同，但民俗上說「太歲當頭坐，無喜必有禍」，建議正月十五前要到廟裡安太歲、點光明燈，對運勢有很大的幫助。謹記凡事低調，小心謹慎，就可平安順利。

一九四七年（36年）　丁亥豬　73歲

整體的表現還算不錯，但在支出方面來說會稍微多一點點，尤其因為犯太歲的緣故，要留意生活起居、外出交通，稍微謹慎小心，避免受傷、跌倒、滑倒，免去因此產生的意外支出，記得前去廟裡安太歲。

一九五九年（48年）　己亥豬　61歲

雖然太歲當頭坐，外出的時候要特別小心，但以整體狀況來說，算是屬豬中比較平穩的，所以事業發展還算不錯，跟他人溝通也比較容易取得共識，如果有一些想法不同的狀況，也不要太計較，很多事情自然就會比較順利。

一九七一年（60年）　辛亥豬　49歲

今年的運勢在屬豬裡頭還算不錯，整體運勢組合上面來看沒什麼太大的問題，在人際關係、財運等方面都算不錯，只要做事情更加小心一些，那麼就會展現好的成績。

一九八三年（72年）　癸亥豬　37歲

算是屬豬裡頭壓力最大的一個，容易感受到大環境或者是工作方面帶來的問題，跟同儕的溝通也容易有些小狀況，因此建議與人來往保持低調、謙遜，多聽聽他人的想法，有時候退一步海闊天空，反而對自己有利。

一九九五年（84年）　乙亥豬　25歲

今年雖然犯太歲，但在屬豬裡頭算是運勢最好的一個，財運方面來說會很不錯，事業運、貴人運也都滿好的，好好把握，努力衝刺，相信會有不少的收穫。

二〇〇七年（96年）　丁亥豬　13歲

整體運勢還算不錯，課業學業多努力一點，就沒什麼太大問題，要特別注意人際溝通稍微婉轉一點，保持順暢。金錢支出可能會多一點，記得控管一下。

每月運勢

（平）**一月運勢：**本月運勢吉中帶凶，容易跟人產生爭執，像是要去哪裡玩或者做事的方法，都有可能遇到相左的意見，讓你一下子就暴走。不過還好本月的貴人運滿強勢的，多半能獲得化解。由於今年犯太歲，建議農曆正月十五日前到廟裡安太歲，以保平安。

（吉）**二月運勢：**本月運勢不錯，貴人運強，做起事來有如神助，可以把握機會好好努力，財運也看漲。不過由於今年犯太歲，做任何事情最好都謹慎低調，否則容易有無法預料的變數，導致漏財，要特別小心。

（平）**三月運勢：**本月運勢平平，相對來說是比較輕鬆的月份，整體狀況算是比較平穩的，與人溝通也容易取得共識，讓你心情很不錯。不過外出的時候要特別小心，走路時要特別留意，以免跌倒、碰撞而受傷。

（凶）**四月運勢：**本月運勢不佳，很容易跟別人一言不合，脾氣就衝起來。由於今年犯太歲的關係，與人爭執時容易帶來不好的後果，建議與人來往保持低調、謙遜，多聽聽他人的想法，有時候退一步海闊天空，反而對自己有利。

（平）**五月運勢：**本月運勢平平，各方面都還算順暢，是個心情輕鬆的月份，適合與朋友出遊，建立好的人脈關係，對各方面都很有幫助。課業、學業方面只要踏實努力，多付出一點時間，就沒什麼太大問題。

（吉）**六月運勢：**本月運勢上揚，進行中的事情都能朝著好的方面發展，即使遇到阻礙，也有人替你解決，財運也跟著水漲船高，要是平時有多努力一些，這個月就容易有升官加薪的機會。除此之外，只要平常作息多注意，避免血光之災即可。

凶 **七月運勢：**本月運勢不佳，特別是金錢方面，會有損財的狀況。如果有人邀請你一起投資，一定要小心評估，或者下個月再進行比較好。感情方面也要多留意，不要因為工作忙碌就忽視對方，否則容易因此而出問題，連帶造成財物損失。

平 **八月運勢：**本月運勢平順，不過會感覺到工作壓力變多了，可能是被交辦了更多的事情，或者是長官突然比較關注你了，跟同儕的溝通也容易有些小狀況。所以行事上多保持低調，不要太堅持己見，少說多做，就不會有太大問題。

平 **九月運勢：**本月運勢平平，工作的壓力仍在，生活上也有一些狀況需要面對，但都不是太嚴重的問題。健康方面要多加注意平時的飲食，盡量吃養生的食物，維持良好的作息，否則身體容易出問題。

凶 **十月運勢：**本月運勢不佳，容易跟人起爭執，因為犯太歲，所以最好謹言慎行，避免與人產生衝突。如果跟人有一些想法不同的狀況，不要太計較，聽聽別人的想法也會有收穫，懷著包容的心，很多事情自然就會比較順利。

吉 **十一月運勢：**本月運勢不錯，一掃上個月的陰霾，你能感受到運勢翻轉的順暢，可以趁著這段時間加緊腳步趕緊衝刺，年底前可望交出一張不錯的成績單。平日出入跟做事，要特別注意安全，才能降低犯太歲所帶來的不良影響。

吉 **十二月運勢：**本月運勢持續上揚，不管工作或者生活上都滿順暢的，如果一整年有好好努力的話，工作成果容易獲得肯定，年終紅利也值得期待。適逢年底，如果需要四處採買年貨，一樣要注意交通安全，避免產生意外血光。

開運農民曆

如何看懂農民曆 080

重要名詞解釋 084

正月開運三吉時—初一、開工、迎財神 092

黃帝地母經看流年 097

己亥年年度吉時、大利方位 098

己亥年安神煞方與安神法 100

己亥年每日宜忌 104

如何看懂農民曆

「農民曆」是台灣民間流通最普及的曆書，過去人們依照農民曆的時序原則進行農事，也以農民曆中的「行事宜忌」、「每日吉凶」作為日常行事的準則。

農民曆的由來已久，早期為了配合農業社會的行事，中國歷代都會由官方根據觀測天文運行的結果，統一頒訂曆法，作為農事作息的主要依據，稱做「官曆」。而各朝的曆法編制有所不同，現今使用的陰曆最早可以追溯到夏朝時期，經過了不同朝代天文官員的修訂後，才成了現今我們所使用的陰曆。

民國之後頒行陽曆，現今台灣所行的曆法每年由中央氣象局統一頒布，由於民間仍然根據陰曆行事，所以中央氣象局所編的日曆資料表是採取新舊曆對照的方式。而現今流通的農民曆，也是陽曆與陰曆並立，是陰陽合曆的形式。

以配合農事而訂立的農民曆，到了今日由於機具與栽種技術的進步，作為農事依據的功能已不再那麼重要了。但是其中的每日吉凶、行事忌宜等傳統風水命理的內容，仍然是人們行事的重要依據。現今的農民曆經常結合了民俗、傳統知識與曆法，是每個家庭必備的生活小百科。

農民曆是古代制訂來讓農民在農耕時有所依循的曆法，所以稱之為農曆。漸漸演變到後來，又加上了傳統陰陽五行、天干地支、易經等等的思想，幾千年來已經成為人們日常行事的重要依據了。不過，也就因為融入了許多命理上的專業知識，讓現在的農民曆看起來十分的艱深難懂，因此要瞭解農民曆，就要先了解每個欄位代表的意義，接著就能輕鬆使用農民曆了。

農民曆「每日宜忌」各欄說明

西曆年份
國曆月份

農曆月份 甲子 月令 月煞方

占十二月節候豐稔歌

每日胎神占方

每日沖煞年齡

國曆日期

星期

節日
佛神誕辰
吉凶神
附註

農曆日期

干支

五行

二十值位

宜忌

宜忌事項
節前：指逢節氣時，指節氣時間之前的宜忌
節後：指逢節氣時，指節氣時間之後的宜忌

每日胎神占方

每日沖煞年齡

節氣

交節氣時間

節氣說明

農民曆「每日宜忌」實例

二〇一九年
國曆二月小

農曆一月 丙寅 端月 煞北方

立春最喜晴一日，元旦景雲光齊天
雨水連綿是豐年，農夫不用力耕田

每日胎神占方

每日沖煞年齡

19

星期二

元宵節
天官聖誕
天德
刀砧日

十五

丁亥

土

收

宜

宜祭祀、祈福、出行、納采、問名、移徙、解除、修造動土、豎柱上樑、開市、立券、交易、納財
忌嫁娶

倉庫床
外西北

沖蛇
19歲
煞西

雨水

辰時
07時04分

斗指壬為雨水，時東風解凍，冰雪皆散而為水，化而為雨，故名雨水。

節氣諺語：雨水，海水卡冷鬼。

雨水時節雖已入春，但溫度仍低，海水摸起來還是非常冷冽。

各欄位所代表的意義解釋

❖干支：

「**天干地支**」是自商朝開始即有的記年、記日方式，以「十天干」（甲乙丙丁戊己庚辛壬癸）與「**十二地支**」（子丑寅卯辰巳午未申酉戌亥）相配，每六十年為一個循環。

❖五行：

「**五行**」指「**金木水火土**」，傳統命理認為宇宙中的萬物都可以被區分為這五個屬性。農民曆中所表示的五行，背後代表的其實是較為複雜的「**六十甲子納音**」，各種天干地支的組合代表了各種屬性的「**五行**」，對論命者而言具有參考作用，但對一般人而言用途則不大。

❖十二值位：

代表的是十二個「吉凶神」（一**建**、二**除**、三**滿**、四**平**、五**定**、六**執**、七**破**、八**危**、九**成**、十**收**、十一**開**、十二**閉**），每日的值神不同，適合做跟不適合做的事情也不同。

❖用事批註宜忌：

這欄裡面，主要是根據**干支日**、**五行**、**十二值位**，再加上其他比較複雜的命理概念，歸納出來在這一天裡面可以做的事情跟不宜做的事情，整體標註出來，這是目前人們從事重要活動時最方便參照的資料，是最實用的欄位。

❖**胎神占方：**

指每日**胎神**所在的地方。在民間信仰中，**胎神**是掌管胎兒生長的神明。每日胎神所在的位置都不相同，原則上多在屋子裡外，孕婦活動的範圍內。民間認為每日胎神所在的地方，所有的人都不可冒犯，否則會影響胎兒的生長，嚴重時甚至會造成流產。

❖**沖煞生肖、年齡、方位：**

指每天會沖犯到的生肖、年齡與方位。被沖煞到的人最好不要出現在任何重要的場合，像是嫁娶、出殯等，不僅本身可能會遭到無妄之災，也可能讓正在進行的事情，沒有辦法順利舉行。「**煞方**」則指當日凶神所在的地方，不管今天要做什麼事，都要盡量避免往該方向活動，以免沾染不好的氣場，影響事情的順利進行。

❖**每日財喜方位：**

指每日**財神**跟**喜神**所在的方位，如果想要沾喜氣或是獲得財運，可以在每日出門時先往財喜方位走，比較容易獲得好運道。詳細用法請參照本書**擇日擇時**單元。

❖**每日吉凶時：**

這是指這一天裡面由**吉神**所掌管的時間。在傳統的命理觀念中，好日子裡也有**吉時**與**凶時**的區分，若希望事情能進行順利，除了挑選好日子，最好也要選在吉時來進行。

重要名詞解釋

農民曆自古以來就是人們用來參照**日常行事**、**斷定吉凶**的重要根據。農民曆的編著由來已久，加上後世不斷的增補，因此在**用事名詞**上面也出現許多不同的版本。

目前流傳下來的農民曆，主要都是根據舊時社會的環境與情況所寫，不管是哪一個版本，裡頭使用的部分名詞，與我們今日所慣用之用語大不相同（**例如「經絡」代表「織布」**、**「鼓鑄」代表「冶煉金屬」**）。大多數的人看不懂這些名詞所代表的事件，使用農民曆時就會遭遇困難。

為了讓讀者瞭解農民曆之用語，底下將根據**清朝**時期曾由朝廷統一列舉的「**通書六十事**」，進行每個用語的解說，並且根據性質加以分類，加上現代行事的附註，方便瞭解與使用。

本書對農民曆用語的篩選

農民曆上面所列舉的行事對古人而言，都是需要慎重處理，甚至在舉行前要進行儀式的事情。但就目前社會發展來看，有許多已經是**不合時宜**。因此底下雖然針對大部分的用語做解釋，但在本書的「用事宜忌」中，**將僅列舉在現代社會中仍須擇吉進行的重要事項，以方便讀者使用。**

❖祭祀類

祭祀：祭祀祖先（或好兄弟），或祭拜神明等儀式。這裡的祭祀指的是節日或例祭之外的祭祀活動，例如建醮、大船下水等等祭祀活動，或擺放制煞物品也可以選擇宜祭祀的日子。

祈福：祈求神明保佑平安或者許願還願的事宜。

求嗣：向神明祈求子嗣的祭拜儀式。

冠帶：這是指傳統上年輕男女的成年儀式。

❖政事類

上冊受封：接受皇帝的賞賜。

上表章：古代臣子將奏章上呈君主。

襲爵受封：中國古代是封建社會，早在西周時期就有爵位的分封，雖然之後各朝代的規制不同，但一般來說，爵位都是由長子繼承原有的爵位，而其他的孩子則分封為低三階的爵位。此處的襲爵受封，就是指嫡長子繼承爵位與其他子嗣受封爵位的受封儀式。

上官赴任：新官上任，就職典禮。

臨政親民：皇帝或官員聽取政事、下鄉視察。

❖日常行事類

會親友：探訪友人、親戚，或者聚會。

入學：拜師學藝、求取手藝。

進人口：收養子女或聘納員工等。

出行：指遠行、出國觀光及旅行等。

移徙：搬家，遷移住所。

出行，是指有遠行或旅行的日子。

遠迴：指長距離的往返，例如歸寧。

解除：進行解災厄、除穢的儀式，或者將制煞物品由懸掛擺放處取下。

安床：包括安新床與安舊床。

安新床：像是結婚或者新屋在入宅時，都要選擇時辰安置床鋪。

安舊床：是指可能因運勢不佳想改換方位，而重新安放床鋪的事宜。

沐浴：清洗身體，特指為重要事件而齋戒沐浴。例如主持重要儀式，或是跟隨神明遶境。

剃頭：初生嬰兒剃除胎毛，或削髮為尼。

整手足甲：初生嬰兒首次剪手足甲。

求醫療病：看醫生、治病，或者開刀。

療目：治療眼睛的疾病。

針刺：針灸之類的醫療行為。

乘船渡水：搭船過河、過江、遊湖等等。

結婚的每個過程，在民俗上來說，都是非常重要的，因此從開始議定婚事到結婚都需請專人**擇日**，以保婚姻美滿。

❖婚姻類

結婚姻：議定婚事，兩家人締結婚姻之事。

納采問名：指受授聘金，俗稱完聘。

嫁娶：指舉行結婚迎親儀式的吉日。

裁衣：分為兩種，一為裁製新娘禮服，另一個是為病重的老人做壽衣。

❖建築類

築堤防：修建河堤邊的護欄或防水的堤防。

修造動土：房屋整修、內部裝潢等。

動土：指興建陽宅之第一次動工挖土（陰宅為「破土」）。

豎柱上樑：豎立柱子，安屋頂中樑。傳統上進行「上樑」儀式前，一定要選擇吉日吉時。

修倉庫：建築倉庫或儲藏室。

苫（唸「山」）蓋：以草編物品來覆蓋屋頂。

修置產室：修理或建築廠房、產室。

開渠穿井：開築下水道、水溝及開鑿水井等。

安碓（唸「對」）磑（唸「位」）：安裝舂物臼磨粉器。傳統上進行這項活動前要先舉行儀式。

補垣塞穴：補修牆壁或堵塞蟻穴及其他洞穴。

掃舍宇：打掃屋宅，指大型的大掃除。

修飾垣牆：裝修、粉刷、整理牆壁。

平治道途：指鋪平道路等工程。

破屋壞垣：拆除舊屋圍牆之事。

在古代，儘管只是拆除圍牆都需要**擇日**進行。

❖工商類

鼓鑄：冶煉金屬以製錢幣或器物。

開市：公司行號商店開張或開幕，或指休完年假後首日營業或工廠開工等。

立券：訂立契約書等事。

交易：交易買賣等事。

納財：購置產業、進貨、收帳、五穀入倉等。

開倉庫：打開穀倉或囤貨的倉庫。在古代，倉庫不會隨便開啟，以免裡頭的貨物或穀物敗壞。

出貨財：出貨、送貨。

❖喪事類

破土：建墳墓、埋葬等（**陽宅為「動土」**）。

安葬：埋葬屍體，或撿骨後「進金」（將先人遺骨放入金斗甕）。

啟攢：指洗骨之事。撿死人的骨骸簡稱拾金。

❖農林漁牧類

伐木：砍伐樹木。古時候人們認為樹木有靈，因此在伐木前必須要舉行儀式，安撫樹靈，祭拜完畢之後才會進行。

建墳墓的破土，也須擇好日子。

栽種植物，牽涉到一年收成以及一家溫飽，故古人也會慎重**擇日**。

捕捉：撲滅害蟲或生物。

畋（唸「田」）獵：打獵或捕捉野獸等工作。

取魚：結網撈魚，捕取魚類。

栽種：種植樹木、接枝、種稻等農事。

牧養：畜牧牛馬等家畜。

納畜：買入雞鴨、牛羊等來飼養。

經絡：織布、安裝織機或蠶桑之事。因為其中有安裝織機這個部分，後人也衍生為適合安裝各式機械設備的日子。

醞釀：指做醬菜、釀酒、做醋、醬油等等需要發酵的事物，由於發酵的狀況會影響事件的成敗，因此傳統上認為製作時，也要挑選吉日，以期順利釀造出好的成品。

六十甲子納音

六十甲子納音是結合了五行、天干、地支與古代音律——五音，所推算出來的術數，用途非常廣泛，可以用來論命、推算年運、擇吉，甚至是造葬等。這個術數的基礎是五行，十天干、十二地支以及五音都有各自的五行屬性，相互結合之後，與單純的五行相生相剋就不同了。同樣納音屬金的，就有海中金、劍鋒金、白蠟金、砂中金、金箔金、釵釧金等，每一種代表的涵義都不同。

以砂中金為例，為何稱為砂中金？古書云：「之氣已成，物質自堅實，混于沙而別于沙，居於火而煉於火，乃曰砂中金也。」

甲午砂中金，是沙汰之金，古書云：「甲午天符祿，乃沙汰之金，志大而有節操，或零火蓋之而嚴或旺金集之而剛，不遇丁壬，始可陶熔之寶。祿神敗而食子欲妻剛而子旺。」乙未砂中金，則是強悍剛礦之金，古書云：「乙未祿印綬，乃強悍剛礦之金，欲金相用在火盛處，父子相乘，皆為珍寶。德神當位，喜見印官。」

不同屬性的金，需要用來助旺或要避開的的五行也不同。像是甲午砂中金，含砂量大的砂金，一樣要用火來鍛鍊，但要避開丁、壬才能有所成。乙未砂中金，則是礦砂類的砂金，含金量高，以大火來鍛鍊，可以成為珍寶，因此要加強的是火的部分。古人便根據這些不同屬性的組合變化，來論斷吉凶，推算一個人命運的貧富貴賤。

六十甲子納音歌

甲子乙丑海中金	丙寅丁卯爐中火	戊辰己巳大林木
庚午辛未路傍土	壬申癸酉劍鋒金	甲戌乙亥山頭火
丙子丁丑澗下水	戊寅己卯城頭土	庚辰辛巳白蠟金
壬午癸未楊柳木	甲申乙酉井泉水	丙戌丁亥屋上土
戊子己丑霹靂火	庚寅辛卯松柏木	壬辰癸巳長流水
甲午乙未砂中金	丙申丁酉山下火	戊戌己亥平地木
庚子辛丑壁上土	壬寅癸卯金箔金	甲辰乙巳覆燈火
丙午丁未天河水	戊申己酉大驛土	庚戌辛亥釵釧金
壬子癸丑桑柘木	甲寅乙卯大溪水	丙辰丁巳沙中土
戊午己未天上火	庚申辛酉石榴木	壬戌癸亥大海水

正月開運三吉時——初一、開工、迎財神

己亥年初一開門吉時與祭拜

大年初一是一年的開始，傳統上認為大年初一能迎到的財氣、喜氣與貴氣都最強。所以初一起個大早往吉祥的方位走，將能為自己帶來無與倫比的財氣與貴氣。因此這一天開門的時間與出門的方位就顯得十分重要。以時間點來說，**今年最佳開門時間為子時（上午廿三點至零點二十分）、寅時（上午三點至四點二十分）、辰時（上午七點至八點二十分）、巳時（上午九點至十一點）、午時（上午十一點至十一點四十分）、未時（下午一點至二點二十分）、酉時（下午五點至六點二十分）**。可以根據平常作息或工作時間、行業類別，挑選最適合的時辰來開門。

吉時一到，便可以開門，準備清茶、糖果、吉祥的水果像是橘子，以及飯、發糕與年糕等供品祭祖。米飯與糕類要插上紅色紙剪的春字，就是俗稱的「飯春花」。「春」和台語「剩」同音，象徵「年年有餘」。祭拜完後要燃放爆竹。

拜拜之後，可以出門往好的方位走，以迎接好的氣場。**初一這天的喜神在東南方，貴方也是東南方**。出門時先往這個好方位走上五十到一百步，再往自己原本的目的地前進，民間認為這樣便能夠討得好采頭。另外，**財神在正南方，想要求財者可以往這個方向走。今年初一的煞方在正東，盡量避免往這**

個方向走，以免受到不好氣場的影響。

傳統上也認為大年初一有如一天的早晨，是全新的開始，若能在年初一起得早（最遲不睡過中午），便象徵一整年都會很有活力精神。如果在大年初一的白天睡覺，就象徵在一年的開始精神萎靡、懶散、沒有活力。民俗上甚至認為這將導致種田的田會塌，養雞的會生不出雞蛋。因此，大年初一應該要盡量早起出門活動，無論是全家出外踏青遊玩，或是到附近親朋好友家拜年，到廟裡拜拜等，都能為自己跟家人求得一整年的好運與平安。

己亥年年初開工吉時與祭拜

初五又稱為「隔開」，意思就是新年的歡樂氣氛就到今天為止。新年期間放在家中神桌上的供品也都要撤收，自這天開始，一般民家就開始

正月初一可以全家早起外出踏青遊玩，祈求好運。

恢復正常的生活作息了。許多店家公司也都從這天開始上班做生意。不過並不是每一年的初五都是最好的開市、開工日。今年最佳的開工、開市日期與時間請參照下表。

店家或公司可以在門口準備各種牲禮、酒水、線香、紙錢，特別還需準備「疏文」。由於開工祭拜的對象是財神與行業的守護神，準備疏文是讓誠心的祈願可以完整傳達給神明，祭拜者將有機會獲得更為有力的保佑，在自己專長的行業中，創造更好的成績。所以在祭拜前也要搞懂行業祖師爺或守護神是誰，以免不小心拜錯了，既鬧笑話又難以受到保佑！

各行業守護神例

行業別	守護神明
醫療業	保生大帝、華陀、神農大帝
製藥業	神農大帝
屠宰業	玄天上帝
美髮業	孚佑帝君
航海業	天上聖母、水仙尊王
木匠業	巧聖仙師
泥水業	荷葉仙師
商賈業	福德正神、關聖帝君、財神
軍警業	關聖帝君
命理業	鬼谷子
戲曲業	西秦王爺、田都將軍
運輸業	中壇元帥
教職業	文昌帝君、魁星
特種業	豬八戒

二〇一九年己亥年年初開工開市吉時

正月初三	辰時	上午七點至八點二十分
	午時	上午十一點至十二點二十分
	未時	下午一點至二點二十分
正月初四	辰時	上午七點至七點四十分
	巳時	上午九點至十點二十分
	未時	下午一點至一點四十分
	申時	下午三點至五點
	酉時	下午五點至七點

正月初六	卯時	上午五點至六點二十分
	辰時	上午七點至八點二十分
	巳時	上午九點至十一點
	午時	上午十一點至十二點二十分
	未時	下午一點至三點
正月初十	卯時	上午五點至六點二十分
	辰時	上午七點至八點二十分
	巳時	上午九點至十點二十分
	午時	上午十一點至十二點二十分
	未時	下午一點至三點
	酉時	下午五點至七點

己亥年初五迎財神吉時與祭拜

大年初五是傳統上「**迎財神**」的日子，在這天上午須要準備供品朝門口祭拜來**迎財神**，迎的則是「五路財神」，有兩種說法，比較常見的說法是「**東西南北中**」五路，分別是：

中路財神「玄壇真君—趙公明」
東路財神「進寶天尊—蕭升」
西路財神「納珍天尊—曹寶」
南路財神「招財使者—陳九公」
北路財神「利市仙官—姚少司」

拜「**五路財神**」的目的就是要收盡東南西北中「**五方之財**」。與「**五路財神**」類似的說法還有「**八路財神**」，**八路**指的就是一般常見的八個方位，不過民俗上對於八路財神究竟是哪幾位神明，並沒有明確的記載。

而「**文、武、義、富、偏**」五路財神的說法，除了上述的「**武財神—趙公明**」以外，還有：

忠貞事暴君的商朝忠臣「文財神—比干」
義薄雲天的三國武將「義財神—關公」
富可敵國的明朝富商「富財神—沈萬三」
生性好賭的漢朝名將「偏財神—韓信」

偏財神的「偏」，是指「正財」以外的財富，如兼職、自由業、買彩券、特種行業……等皆屬之。

黃帝地母經看流年

黃帝地母經共有六十首，是傳統上用來預測一年整體運勢的經文。今年為己亥年，可以對照黃帝地母經裡的「己亥」這一首詩，來看今年的整體預測。

以今年的經文來看，詩曰：

「太歲己亥年，人民多橫起。
秋冬草木焦，春夏少秧蒔。
豆麥熟燕吳，桑麻淮魯死。
葉少天蟲盛，蠶娘面無喜。
稼穡不值錢，倉囤缺糧米。」

卜曰：

「歲逢己亥初，貧富少糧儲。
蠶娘相對泣，采葉扳空枝。
更看春秋裡，蜂蝶滿村飛。」

本年度的詩歌與卜詞，預言了今年整體而言，流年不是很好，因為氣候不佳間接影響到農是方面的運作，暗示糧食產量不佳，可能會有缺糧的狀況。南方重要的養蠶業，也會因為遭受到蟲害的關係，桑葉少，整體狀況也不理想，因此人民的生活可能會是較為辛苦的一年。

以今天的角度來看，相同干支年的氣候都相同，似無科學根據，也不符合邏輯。另外預測的區域與台灣的氣候差異甚大，就台灣地區而言並不適用。儘管如此，從這些詩歌還是可以一窺過去人們的生活狀況，可視為一種十分有趣的民俗資料。

年度吉時

❖正月初一開門吉時

正月初一

子時　上午　廿三點至零點二十分
寅時　上午　三點至四點二十分
辰時　上午　七點至八點二十分
巳時　上午　九點至十一點
午時　上午　十一點至十一點四十分
未時　下午　一點至二點二十分
酉時　下午　五點至六點二十分

❖正月開工、開市吉日時

正月初三

辰時　上午　七點至八點二十分
午時　上午　十一點至十二點二十分
未時　下午　一點至二點二十分

正月初四

辰時　上午　七點至七點四十分
巳時　上午　九點至十點二十分
未時　下午　一點至一點四十分
申時　下午　三點至五點
酉時　下午　五點至七點

正月初六

卯時　上午　五點至六點二十分
辰時　上午　七點至八點二十分
巳時　上午　九點至十一點
午時　上午　十一點至十二點二十分
未時　下午　一點至三點

正月初十

卯時　上午　五點至六點二十分
辰時　上午　七點至八點二十分
巳時　上午　九點至十點二十分
午時　上午　十一點至十二點二十分
未時　下午　一點至三點
酉時　下午　五點至七點

❖天赦吉日

正月初六日戊寅日　三月初七日戊寅日

五月廿四日甲午日　八月初十日戊申日

十月廿七日甲子日　十二月廿八日甲子日

❖社日

春社日：二月十六日戊午日

秋社日：八月二十日戊午日

❖三伏天

初伏天：六月初十日庚戌日

中伏天：六月二十日庚申日

末伏天：七月十一日庚辰日

己亥年大利方位表

❖大利南北，不利西方

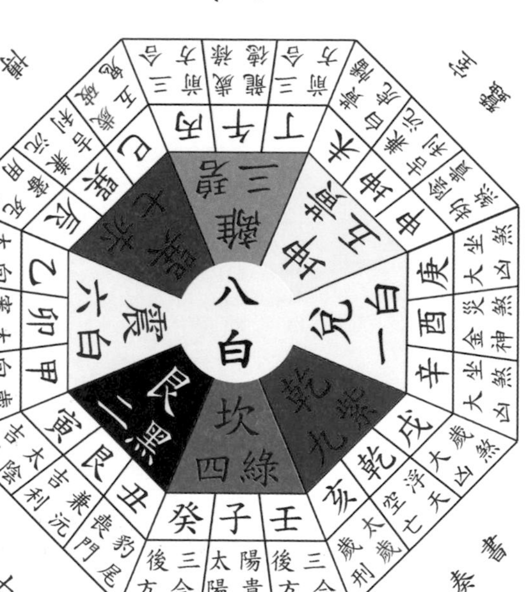

己亥年安神煞方與安神法

由於傳統信仰與中國人慎終追遠的關係，大部分的人家裡都會有神桌，用來祭拜祖先與神明。而神桌或神龕的裝置有許多的學問，如果沒有小心注意，任意擺放的話，嚴重的時候，有可能會導致家裡不平靜，甚至是家運衰敗。

安神位的日子挑選，要注意避開與「**家人生肖**」相沖的日子，可挑選農民曆上標明適合「**祭祀**」的日子來進行。

安神與流年煞方

「**安神位**」要特別注意「**流年煞方**」。如果準備安神位的位置正巧碰上該年的流年煞方，除了延後安神之外，可以先安「**浮爐**」來化解，也就是在香爐下墊上「**桌墊**」。

「安神」是件大事，必須避開與家人生肖相沖的日子。

一般可以使用**金紙**，先抽掉綑綁金紙的物品，再將第一張金箔抽掉（或是福金的第一張全部抽起），再將其用紅紙包住，將其墊在香爐下面即可，另外也可以使用**盤子**。**今年為豬年，流年煞方為「西方」，所以這方位不宜安神或修造**。

安神的方法

若搬新家，或只是神桌在家中換位置而需要「**安神位**」，要先挑選適當的日子，將神明與祖先按順序自原本位置請出，神明（雕像或畫像）要用雙手捧。如果要離開室內，祖先牌位要裝在「**謝籃**」裡，下鋪刈金，撐黑色洋傘。

到新位置安神之前，牆壁先用「**刈金**」清淨，方法是將刈金點火以後，在將要安神位置的牆壁上「**擦**」一遍，安神的順序與請出時一樣，先安神位，後安祖先牌位。

祖先牌位不可高過神像，也不能置於神爐前，因祖先牌位屬「陰」，宜低宜退。擺好神位再將燭台、薦盒、香爐等擺放上去。**神像的位置要比祖先牌位略後，但神明香爐與杯子的位置，則要比祖先的略前**。

安好之後，準備**五果**、**三牲**、**湯圓**、**發粿**、**清茶**、**鮮花**等拜拜。並準備**大壽金**、壽金、刈金、土地公金，香燃過後燒化。安好的神位不可以再隨便移動，若要清潔則必須等到每年農曆十二月二十四日「**送神**」後，才可以進行。

安神之後拜地基主

安神位當天的黃昏時，要拜「**地基主**」。一般多在廚房擺一張小桌子祭拜，如果空間不夠，

安好神位的當天黃昏，要在廚房準備日常的飯菜拜地基主。

也可以把流理台當供桌，如果連接著流理台上剛好有窗，則可以朝窗外拜。如果沒有窗戶，則朝後門，或是廚房後方祭拜即可。

拜拜的供品使用日常家裡的飯菜即可。一般可以準備六道菜碗、一鍋飯、三杯酒、兩副碗筷及紙錢。簡單一點的，可以用一個**有菜有肉**的便當，加上三杯酒、兩副碗筷跟紙錢就可以了。

神桌擺放的注意事項

⊙ 神桌應擺放在前方視野遼闊的地方，代表「**明堂寬闊**」，家運才會步步高升。神桌不可以朝屋後，否則會導致「**家運衰退**」。

⊙ 神桌的後方不能是樓梯或是電梯，因為向下的樓梯或電梯，都暗示「**家運衰退**」，特別是電梯上上下下，氣場混亂，影響更為嚴重。

⊙ 神桌後方與正上方不能是瓦斯爐或者廚房，因為若是瓦斯爐則暗示「**火燒神明**」，而廁所則形同將神明祖先置於穢物旁，特別是神桌後方就是馬桶時，這樣的情形都會導致「**家運衰退**」。

⊙ 如果神桌的後方是房間，夫妻或是十二歲到六十五歲之間的單身或已婚者，都要避免睡在這裡，以免影響夫妻感情，或不利姻緣。

⊙ 如果神桌樓上的位置作為臥室，床要小心避開神桌所在的地方，否則因為壓住神明的關係，對於睡在這裡的人，身體上會有不好的影響。

⊙ 神桌的上方不可以有橫樑通過，象徵挑著「重擔」，暗示一家人做事辛苦。另外這樣的狀況也容易導致家人有頭部方面的毛病。

⊙神桌上方要避免擺放不相干的物品，特別是**人形雕塑**或**玩具公仔**，因為神桌經常會受到**燒香膜拜**的關係，可能會有**不明的靈體**藉機進入這些人形物接受膜拜，會使家中出現怪事。

⊙神桌的前方及左右，包括神桌底下，都要避免堆放物品，神桌正上方的樓上空間則要避免設置櫃子或是床鋪之類的大型家具，因為神桌若是被雜物擋住、壓住，家運容易受到影響。

⊙神桌前面如果有安裝長形的日光燈，要特別注意一定要與神桌**平行懸掛**，如果燈管的方向與神桌垂直，就如同一枝利箭直接射向神明與祖先，形成「**弓箭煞**」，除了對家人運勢有不好的影響外，也直接暗示了容易有意外血光的情形發生。

⊙神桌的高度或與牆壁的距離，都要盡量合於「**魯班尺**」的吉字，如果場地有限制，至少高度需符合吉字。

⊙神桌的左右也要特別注意，虎邊不可以太迫近牆邊，所謂「**迫虎傷人**」，神桌太靠近虎邊對於主人來說會有不良影響。神桌安置要穩固不搖晃，避免碰撞或地震時造成東西摔落。

⊙民俗上認為「**龍怕臭，虎怕吵**」，因此神桌的左邊不能是廁所正沖，而右邊則不能擺放會發出聲音的家電，例如電視、音響、冰箱等。

二〇一九年 國曆一月大	1	2	3	4	5
農曆十二月 乙丑 臘月 煞東方	二期星	三期星	四期星	五期星	六期星
朔日西風六畜災，綿絲五穀德成堆 最喜大寒無雨雪，太平冬盡賀春來					勿探病
	廿六	廿七	廿八	廿九	三十
	戊戌	己亥	庚子	辛丑	壬寅
	木	木	土	土	金
	開	閉	建	除	除滿
	宜	★	★	**宜**	★
	宜祭祀、祈福、解除、修造動土、豎柱上樑 **忌**出行、嫁娶、移徙、開市、立券、交易、納財	**忌**祈福、出行、納采、問名、嫁娶、移徙、安床、解除、造動土、豎柱上樑、開市、破土、安葬、啟攢	**諸事不宜**	**宜**祭祀、祈福、出行、嫁娶、解除、立券、交易、納財、安葬	**忌**祭祀、出行
每日胎神占方	房床栖房內南	占門床房內南	占碓磨房內南	廚灶廁房內南	倉庫爐房內南
每日沖煞年齡	沖龍7歲煞北	沖蛇6歲煞西	沖馬5歲煞南	沖羊4歲煞東	沖猴3歲煞北

小寒

子時 23時39分

斗指戊為小寒，時天氣漸寒，尚未大冷，故名小寒。

節氣諺語：小寒大冷，人馬安。

小寒時天氣應寒冷，人畜才會平安。

6	7	8	9
星期日	星期一	星期二	星期三
		天德合 月德合	
十二月	初二	初三	初四
癸卯	甲辰	乙巳	丙午
金	火	火	水
滿	平	定	執
宜	★	宜	★
宜 祭祀 **忌** 祈福、出行、納采、問名、嫁娶、移徙、安床、解除、修造動土、豎柱上樑、開市、立券、交易、納財、破土、安葬、啟攢	**諸事不宜**	**宜** 祭祀、祈福、納采、問名、嫁娶、移徙、解除、修造動土、豎柱上樑、立券、交易、納財 **忌** 出行	**忌** 祈福、出行、納采、問名、嫁娶、移徙、安床、解除、修造動土、豎柱上樑、開市、立券、交易、納財、破土、安葬、啟攢
房床門 房內南	門雞栖 房內東	碓磨床 房內東	廚灶碓 房內東
沖雞 2歲 煞西	沖狗 1歲 煞南	沖豬 60歲 煞東	沖鼠 59歲 煞北

10	11	12	13	14	15
四期星	**五期星**	**六期星**	**日期星**	**一期星**	**二期星**
	刀砧日	刀砧日	天德 月德		
初五	**初六**	**初七**	**初八**	**初九**	**初十**
丁未	戊申	己酉	庚戌	辛亥	壬子
水	土	土	金	金	木
破	危	成	收	開	閉
★	**宜**	★	**宜**	**宜**	**宜**
諸事不宜	**宜** 祭祀、開市、納財 **忌** 祈福、納采、問名、安床、解除、立券、交易	**日逢受死日，不宜諸吉事**	**宜** 祭祀	**宜** 祭祀 **忌** 祈福、出行、納采、問名、嫁娶、移徙、安床、解除、修造動土、豎柱上樑、開市、立券、交易、納財、破土、安葬、啟攢	**宜** 祭祀 **忌** 祈福、出行、納采、問名、嫁娶、移徙、安床、解除、修造動土、豎柱上樑、開市、立券、交易、納財、破土、安葬
倉庫廁 房內東	房床爐 房內東	占大門 外東北	碓磨栖 外東北	廚灶床 外東北	倉庫碓 外東北
沖牛 58歲 煞西	沖虎 57歲 煞南	沖兔 56歲 煞東	沖龍 55歲 煞北	沖蛇 54歲 煞西	沖馬 53歲 煞南

己亥年每日宜忌

大寒	20	19	18	17	16
	星期日	星期六	星期五	星期四	星期三
			天德合 月德合 勿探病	勿探病	
酉時 17時00分	十五	十四	十三	十二	十一
	丁巳	丙辰	乙卯	甲寅	癸丑
	土	土	水	水	木
	定	平	滿	除	建
	★	★	宜	★	★
斗指癸為大寒，時大寒栗烈已極，故名大寒。 **節氣諺語：大寒不寒，春分不暖。** 大寒若天氣溫暖，表氣候不順，隔年春分仍會寒冷。	**忌**祈福、出行、納采、問名、嫁娶、移徙、安床、解除、修造動土、豎柱上樑、開市、立券、交易、納財、破土、安葬、啟攢	**諸事不宜**	**宜**祭祀、祈福、出行、納采、問名、嫁娶、移徙、解除、豎柱上樑、開市、立券、交易、納財、安葬、啟攢 **忌**修造動土、破土	**忌**祭祀、出行、納采、問名、嫁娶	**忌**祈福、出行、納采、問名、嫁娶、移徙、解除、修造動土、豎柱上樑、破土、安葬、啟攢
	倉庫床 外正東	廚灶栖 外正東	碓磨門 外正東	占門爐 外東北	房床廁 外東北
	沖豬 48歲 煞東	沖狗 49歲 煞南	沖雞 50歲 煞西	沖猴 51歲 煞北	沖羊 52歲 煞東

26	25	24	23	22	21
六期星	五期星	四期星	三期星	二期星	一期星
			天德 月德		
廿一	二十	十九	十八	十七	十六
癸亥	壬戌	辛酉	庚申	己未	戊午
水	水	木	木	火	火
開	收	成	危	破	執
★	宜	★	宜	宜	★
諸事不宜	**宜**祭祀 **忌**祈福、出行、納采、問名、嫁娶、移徙、安床、解除、修造動土、豎柱上樑、開市、立券、交易、納財、破土、安葬、啟攢	**日逢受死日，不宜諸吉事**	**宜**祭祀、出行、移徙、修造動土、豎柱上樑、開市、立券、交易、納財、破土、安葬 **忌**祈福、納采、問名、嫁娶、安床、解除	**宜**祭祀 **忌**祈福、出行、納采、問名、嫁娶、移徙、安床、修造動土、豎柱上樑、開市、立券、交易、納財、破土、安葬、啟攢	**忌**祈福、出行、納采、問名、嫁娶、移徙、安床、解除、修造動土、豎柱上樑、開市、立券、交易、納財、破土、安葬、啟攢
占房床 外東南	倉庫栖 外東南	廚灶門 外東南	碓磨爐 外東南	占門廁 外正東	房床碓 外正東
沖蛇 42歲 煞西	沖龍 43歲 煞北	沖兔 44歲 煞東	沖虎 45歲 煞南	沖牛 46歲 煞西	沖鼠 47歲 煞北

己亥年每日宜忌

31	30	29	28	27
四期星	**三期星**	**二期星**	**一期星**	**日期星**
	天神下降日	送神日	天德合 月德合	天赦日
廿六	**廿五**	**廿四**	**廿三**	**廿二**
戊辰	丁卯	丙寅	乙丑	甲子
木	火	火	金	金
平	滿	除	建	閉
★	**宜**	★	**宜**	**宜**
諸事不宜	**宜**祭祀 **忌**祈福、出行、納采、問名、嫁娶、移徙、安床、解除、修造動土、豎柱上樑、開市、立券、交易、納財、破土、安葬、啟攢	**忌**祭祀、出行	**宜**祭祀、祈福、納采、問名、解除、豎柱上樑、納財、安葬 **忌**出行、嫁娶、移徙、修造動土、破土	**宜**祭祀、安葬
房床栖 外正南	倉庫門 外正南	廚灶爐 外正南	碓磨廁 外東南	占門碓 外東南
沖狗 37歲 煞南	沖雞 38歲 煞西	沖猴 39歲 煞北	沖羊 40歲 煞東	沖馬 41歲 煞南

二〇一九年 國曆二月小	1	2	3	4	立春
	五期星	六期星	日期星	一期星	
		天德 月德 勿探病		除夕 天德合	
農曆一月 丙寅 端月 煞北方	廿七	廿八	廿九	三十	午時 11時14分
	己巳	庚午	辛未	壬申	
	木	土	土	金	
	定	執	破	破危	
	宜	宜	宜	宜	
立春最喜晴一日，元旦景雲光齊天 雨水連綿是豐年，農夫不用力耕田	**宜**納采、問名、修造動土、豎柱上樑、立券、交易、納財 **忌**出行、嫁娶、解除、破土、安葬、啟攢	**宜**祭祀、祈福、出行、納采、問名、嫁娶、移徙、解除、修造動土、豎柱上樑、破土、安葬	**宜**祭祀、解除 **忌**祈福、出行、納采、問名、嫁娶、移徙、安床、修造動土、豎柱上樑、開市、立券、交易、納財、破土、安葬、啟攢	**宜**祭祀、解除 **忌**祈福、出行、納采、問名、嫁娶、移徙、安床、修造動土、豎柱上樑、開市、立券、交易、納財、破土、安葬、啟攢	**斗指東北維為立春，時春氣始至，四時之卒始，故名立春也。** **節氣諺語：立春打雷，十處豬欄九處空。** 立春這天如果打雷，會六畜不安。相反的，雷不打春，今年一定好年冬。
每日胎神占方	占門床 外正南	占碓磨 外正南	廚灶廁 外西南	倉庫爐 外西南	
每日沖煞年齡	沖豬 36歲 煞東	沖鼠 35歲 煞北	沖牛 34歲 煞西	沖虎 33歲 煞南	

己亥年每日宜忌

9	8	7	6	5
六期星	五期星	四期星	三期星	二期星
天德	孫真人聖誕 月德 刀砧日	刀砧日		春節
初五	**初四**	**初三**	**初二**	**正月**
丁丑	丙子	乙亥	甲戌	癸酉
水	水	火	火	金
閉	開	收	成	危
宜	**宜**	**宜**	★	**宜**
宜祭祀 **忌**祈福、出行、納采、問名、嫁娶、移徙、安床、解除、修造動土、豎柱上樑、開市、立券、交易、納財、破土、安葬、啟攢	**宜**祭祀、祈福、出行、納采、問名、嫁娶、移徙、解除、修造動土、豎柱上樑、開市、納財	**宜**祭祀、祈福、出行、納采、問名、移徙、修造動土、豎柱上樑、開市、立券、交易、納財 **忌**嫁娶	**日逢受死日，不宜諸吉事**	**宜**祭祀、破土、安葬 **忌**祈福、出行、納采、問名、嫁娶、移徙、安床、解除、修造動土、豎柱上樑、開市、立券、交易、納財
倉庫廁 外正西	廚灶碓 外西南	碓磨床 外西南	門碓栖 外西南	房床門 外西南
沖羊 29歲 煞東	沖馬 30歲 煞南	沖蛇 31歲 煞西	沖龍 32歲 煞北	沖兔 33歲 煞東

10	11	12	13	14
星期日	星期一	星期二	星期三	星期四
清水祖師聖誕 天赦日	勿探病		玉皇大帝聖誕 月德合	天德合 勿探病
初六	初七	初八	初九	初十
戊寅	己卯	庚辰	辛巳	壬午
土	土	金	金	木
建	除	滿	平	定
宜	宜	宜	宜	宜
宜納采、問名、解除、豎柱上樑、立券、交易、納財、安葬 **忌**祭祀、出行、嫁娶、移徙、修造動土、破土	**宜**出行、嫁娶、解除、立券、交易	**宜**祭祀、祈福 **忌**納采、問名、嫁娶、開市、立券、交易、納財	**宜**祭祀 **忌**祈福、出行、解除	**宜**祭祀、祈福、出行、納采、問名、嫁娶、移徙、解除、修造動土、豎柱上樑、開市、立券、交易、納財、破土、安葬
房床爐 外正西	占大門 外正西	碓磨栖 外正西	廚灶床 外正西	倉庫碓 外西北
沖猴28歲煞北	沖雞27歲煞西	沖狗26歲煞南	沖豬25歲煞東	沖鼠24歲煞北

己亥年每日宜忌

雨水	15	16	17	18	19
	五期星	六期星	日期星	一期星	二期星
			關聖帝君飛昇日	月德	元宵節 天官聖誕 天德 刀砧日
辰時 07時04分	十一	十二	十三	十四	十五
	癸未	甲申	乙酉	丙戌	丁亥
	木	水	水	土	土
	執	破	危	成	收
	★	宜	宜	★	宜
斗指壬為雨水，時東風解凍，冰雪皆散而為水，化而為雨，故名雨水。節氣諺語：雨水，海水卡冷鬼。雨水時節雖已入春，但溫度仍低，海水摸起來還是非常冷冽。	**忌** 開市、立券、交易、納財	**宜** 祭祀、解除 **忌** 祈福、出行、納采、問名、嫁娶、移徙、安床、修造動土、豎柱上樑、開市、立券、交易、納財、破土、安葬、啟攢	**宜** 祭祀、破土、安葬 **忌** 祈福、出行、納采、問名、嫁娶、移徙、安床、解除、修造動土、豎柱上樑、開市、立券、交易、納財	**日逢受死日，不宜諸吉事**	**宜** 祭祀、祈福、出行、納采、問名、移徙、解除、修造動土、豎柱上樑、開市、立券、交易、納財 **忌** 嫁娶
	房床廁 外西北	占門爐 外西北	碓磨門 外西北	廚灶棲 外西北	倉庫床 外西北
	沖牛 23歲 煞西	沖虎 22歲 煞南	沖兔 21歲 煞東	沖龍 20歲 煞北	沖蛇 19歲 煞西

己亥年每日宜忌

24	23	22	21	20
星期日	**星期六**	**星期五**	**星期四**	**星期三**
天德合	月德合			刀砧日
二十	**十九**	**十八**	**十七**	**十六**
壬辰	辛卯	庚寅	己丑	戊子
水	木	木	火	火
滿	除	建	閉	開
宜	**宜**	**宜**	★	**宜**
宜 祭祀、祈福、出行、納采、問名、嫁娶、移徙、解除、修造動土、豎柱上樑、開市、立券、交易、納財、安葬	**宜** 祭祀、祈福、出行、納采、問名、嫁娶、移徙、解除、修造動土、豎柱上樑、立券、交易、破土、安葬、啟攢	**宜** 立券、交易、納財 **忌** 祭祀、祈福、出行、納采、問名、嫁娶、移徙、解除、修造動土、豎柱上樑、破土、安葬、啟攢	**諸事不宜**	**宜** 祭祀 **忌** 納采、問名、嫁娶、破土、安葬、啟攢
倉庫栖 外正北	廚灶門 外正北	碓磨爐 外正北	占門廁 外正北	房床碓 外正北
沖狗 14歲 煞南	沖雞 15歲 煞西	沖猴 16歲 煞北	沖羊 17歲 煞東	沖馬 18歲 煞南

己亥年每日宜忌

25	26	27	28
一期星	**二期星**	**三期星**	**四期星**
			月德
廿一	**廿二**	**廿三**	**廿四**
癸巳	甲午	乙未	丙申
水	金	金	火
平	定	執	破
★	**宜**	★	**宜**
忌祈福、出行、納采、問名、嫁娶、移徙、安床、解除、修造動土、豎柱上樑、開市、立券、交易、納財、破土、安葬、啟攢	**宜**祭祀、祈福、出行、納采、問名、嫁娶、移徙、修造動土、豎柱上樑、開市、立券、交易、納財 **忌**解除、破土、安葬、啟攢	**忌**出行、納采、問名、嫁娶、移徙、解除、修造動土、豎柱上樑、開市、立券、交易、納財、破土、安葬、啟攢	**宜**祭祀、解除 **忌**祈福、出行、納采、問名、嫁娶、移徙、安床、修造動土、豎柱上樑、開市、立券、交易、納財、破土、安葬、啟攢
占房床房內北	占門碓房內北	碓磨廁房內北	廚灶爐房內北
沖豬13歲煞東	沖鼠12歲煞北	沖牛11歲煞西	沖虎10歲煞南

二〇一九年 國曆三月大	1	2	3	4	5
	星期五	星期六	星期日	星期一	星期二
	天德		刀砧日	刀砧日	月德合
農曆二月 丁卯 花月 煞西方 驚蟄聞雷米似泥，春分有雨病人稀 月中但得逢三卯，處處棉花豆麥宜	廿五	廿六	廿七	廿八	廿九
	丁酉	戊戌	己亥	庚子	辛丑
	火	木	木	土	土
	危	成	收	開	閉
	宜	★	**宜**	**宜**	**宜**
	宜 祭祀、祈福、出行、納采、問名、嫁娶、移徙、安床、解除、修造動土、豎柱上樑、納財、破土、安葬、入宅	**日逢受死日，不宜諸吉事**	**宜** 祭祀、祈福、開市、立券、交易、納財 **忌** 嫁娶、破土、安葬、啟攢	**宜** 祭祀 **忌** 納采、問名、修造動土、破土	**宜** 祭祀 **忌** 祈福、出行、納采、問名、嫁娶、移徙、安床、解除、修造動土、豎柱上樑、開市、立券、交易、納財、破土、安葬、啟攢
每日胎神占方	倉庫門 房內北	房床栖 房內南	占門床 房內南	占碓磨 房內南	廚灶廁 房內南
每日沖煞年齡	沖兔 9歲 煞東	沖龍 8歲 煞北	沖蛇 7歲 煞西	沖馬 6歲 煞南	沖羊 5歲 煞東

6	驚蟄	7	8	9	10
星期三		星期四	星期五	星期六	星期日
勿探病			福德正神千秋 月德	文昌帝君 聖誕	
三十	卯時 05時10分	二月	初二	初三	初四
壬寅		癸卯	甲辰	乙巳	丙午
金		金	火	火	水
閉建		建	除	滿	平
宜		**宜**	★	**宜**	**宜**
宜立券、交易、納財、破土、啟攢 **忌**祭祀、祈福、出行、納采、問名、嫁娶、移徙、安床、解除、修造動土、豎柱上樑、開市	**斗指丁為驚蟄，雷鳴動，蟄蟲皆震起而出，故名驚蟄。** **節氣諺語：未驚蟄打雷，會四十九日烏。** 如果驚蟄之前就打雷，會連續下四十九天雨。	**宜**祭祀、出行、立券、交易 **忌**祈福、納采、問名、嫁娶、解除、修造動土、豎柱上樑、破土、安葬、啟攢	**日逢受死日，不宜諸吉事**	**宜**祭祀、祈福、開市、立券、交易、納財 **忌**出行、納采、問名、嫁娶、移徙、修造動土、破土、安葬、啟攢	**宜**祭祀 **忌**祈福、出行、納采、問名、嫁娶、移徙、安床、解除、修造動土、豎柱上樑、開市、立券、交易、納財、破土、安葬、啟攢
倉庫爐 房內南		房床門 房內南	門雞栖 房內東	碓磨床 房內東	廚灶碓 房內東
沖猴 4歲 煞北		沖雞 3歲 煞西	沖狗 2歲 煞南	沖豬 1歲 煞東	沖鼠 60歲 煞北

16	15	14	13	12	11
六期星	**五期星**	**四期星**	**三期星**	**二期星**	**一期星**
刀砧日	刀砧日		月德合		
初十	**初九**	**初八**	**初七**	**初六**	**初五**
壬子	辛亥	庚戌	己酉	戊申	丁未
木	金	金	土	土	水
收	成	危	破	執	定
★	**宜**	★	★	★	**宜**
諸事不宜	**宜** 出行、納采、問名、移徙、修造動土、豎柱上樑、開市、立券、交易、納財、入宅 **忌** 嫁娶、破土、安葬、啟攢	**忌** 祈福、出行、解除、修造動土、豎柱上樑	**諸事不宜**	**忌** 祈福、出行、納采、問名、嫁娶、移徙、安床、解除、修造動土、豎柱上樑、開市、立券、交易、納財、破土、安葬、啟攢	**宜** 祭祀、祈福、出行、移徙、修造動土、豎柱上樑、立券、交易、納財 **忌** 納采、問名、嫁娶、解除
倉庫碓 外東北	廚灶床 外東北	碓磨栖 外東北	占大門 外東北	房床爐 房內東	倉庫廁 房內東
沖馬 54歲 煞南	沖蛇 55歲 煞西	沖龍 56歲 煞北	沖兔 57歲 煞東	沖虎 58歲 煞南	沖牛 59歲 煞西

己亥年每日宜忌

17	18	19	20	21	春分
日期星	一期星	二期星	三期星	四期星	
	月德 勿探病	勿探病		三山國王 千秋	
十一	十二	十三	十四	十五	卯時 05時58分
癸丑	甲寅	乙卯	丙辰	丁巳	
木	水	水	土	土	
開	閉	建	除	滿	
宜	宜	宜	★	宜	
宜 祭祀、祈福、出行、移徙、解除、豎柱上樑、入宅 **忌** 納采、問名、嫁娶、修造動土、開市、立券、交易、納財、破土	**宜** 立券、交易、納財、破土、安葬、啟攢 **忌** 祭祀、祈福、納采、問名、嫁娶、移徙、解除	**宜** 祭祀、出行、立券、交易 **忌** 祈福、納采、問名、嫁娶、解除、修造動土、豎柱上樑、破土、安葬、啟攢	**日逢受死日，不宜諸吉事**	**宜** 祭祀、祈福、納采、問名、解除、豎柱上樑、開市、立券、交易、納財 **忌** 出行、嫁娶、移徙、修造動土、破土、安葬、啟攢	**斗指壬為春分，日行周天，南北兩半球晝夜均分，又當春之半，故名。** **節氣諺語：春分，日暝對分。** 春分到，晝夜各半，平均為十二小時。
房床廁 外東北	占門爐 外東北	碓磨門 外正東	廚灶栖 外正東	倉庫床 外正東	
沖羊 53歲 煞東	沖猴 52歲 煞北	沖雞 51歲 煞西	沖狗 50歲 煞南	沖豬 49歲 煞東	

己亥年每日宜忌

26	25	24	23	22
二期星	**一期星**	**日期星**	**六期星**	**五期星**
	觀世音菩薩聖誕		月德合	開漳聖王千秋 春社日
二十	**十九**	**十八**	**十七**	**十六**
壬戌	辛酉	庚申	己未	戊午
水	木	木	火	火
危	破	執	定	平
★	★	★	**宜**	**宜**
忌 祈福、出行、解除、修造動土、豎柱上樑	**諸事不宜**	**忌** 祈福、出行、納采、問名、嫁娶、移徙、安床、解除、修造動土、豎柱上樑、開市、立券、交易、納財、破土、安葬、啟攢	**宜** 祭祀、祈福、出行、移徙、解除、修造動土、豎柱上樑、立券、交易、納財、安葬、入宅 **忌** 納采、問名、嫁娶	**宜** 祭祀 **忌** 祈福、出行、納采、問名、嫁娶、移徙、安床、解除、修造動土、豎柱上樑、開市、立券、交易、納財、破土、安葬、啟攢
倉庫栖 外東南	廚灶門 外東南	碓磨爐 外東南	占門廁 外正東	房床碓 外正東
沖龍 44歲 煞北	沖兔 45歲 煞東	沖虎 46歲 煞南	沖牛 47歲 煞西	沖鼠 48歲 煞北

己亥年每日宜忌

31	30	29	28	27
星期日	星期六	星期五	星期四	星期三
			月德 刀砧日	普賢菩薩 聖誕 刀砧日
廿五	廿四	廿三	廿二	廿一
丁卯	丙寅	乙丑	甲子	癸亥
火	火	金	金	水
建	閉	開	收	成
宜	**宜**	**宜**	**宜**	**宜**
宜祭祀、祈福、出行、納采、問名、移徙、解除、豎柱上樑、立券、交易、納財、啟攢 **忌**嫁娶、修造動土、豎柱上樑、破土	**宜**立券、交易、納財、破土、啟攢 **忌**祭祀、祈福、出行、納采、問名、嫁娶、移徙、安床、解除、修造動土、豎柱上樑、開市	**宜**祭祀、祈福、出行、嫁娶、移徙、解除、修造動土、豎柱上樑、入宅 **忌**開市、立券、交易、納財、破土、安葬、啟攢	**宜**祭祀 **忌**祈福、出行、納采、問名、嫁娶、移徙、安床、解除、修造動土、豎柱上樑、開市、立券、交易、納財、破土、安葬、啟攢	**宜**入宅 **忌**嫁娶、破土、安葬、啟攢
倉庫門 外正南	廚灶爐 外正南	碓磨廁 外東南	占門碓 外東南	占房床 外東南
沖雞 39歲 煞西	沖猴 40歲 煞北	沖羊 41歲 煞東	沖馬 42歲 煞南	沖蛇 43歲 煞西

二〇一九年 國曆四月小	1	2	3	4	5
	一期星	二期星	三期星	四期星	五期星
		月德合	勿探病		天德 月德
農曆三月 戊辰 桐月 煞南方 風雨相逢初一頭，沿村瘟疫萬人憂 清明風若從南至，定是農家有大收	廿六	廿七	廿八	廿九	三月
	戊辰	己巳	庚午	辛未	壬申
	木	木	土	土	金
	除	滿	平	定	定執
	★	宜	宜	宜	宜
	日逢受死日，不宜諸吉事	**宜** 祭祀、祈福、納采、問名、解除、豎柱上樑、開市、立券、交易、納財 **忌** 出行、嫁娶、移徙、修造動土、破土	**宜** 祭祀 **忌** 祈福、出行、納采、問名、嫁娶、移徙、安床、解除、修造動土、豎柱上樑、開市、立券、交易、納財、破土、安葬、啟攢	**宜** 祭祀、祈福、納采、問名、嫁娶、修造動土、豎柱上樑、立券、交易、納財、入宅 **忌** 解除	**宜** 祭祀 **忌** 出行、納采、問名、嫁娶、移徙、安床
每日胎神占方	房床栖 外正南	占門床 外正南	占碓磨 外正南	廚灶廁 外西南	倉庫爐 外西南
每日沖煞年齡	沖狗 38歲 煞南	沖豬 37歲 煞東	沖鼠 36歲 煞北	沖牛 35歲 煞西	沖虎 34歲 煞南

己亥年每日宜忌

清明

巳時 09時51分

斗指丁為清明，時萬物潔顯而清明，時當氣清景明，故名。

節氣諺語：清明芋，穀雨薑。

清明時節是為適合種植芋頭、而接下來的穀雨則是可以種生薑的時候。

6	7	8	9	10
星期六	星期日	星期一	星期二	星期三
		刀砧日	刀砧日	濟公活佛成道日 天德合 月德合
初二	初三	初四	初五	初六
癸酉	甲戌	乙亥	丙子	丁丑
金	火	火	水	水
執	破	危	成	收
宜	宜	★	宜	宜
宜祭祀、祈福、嫁娶、解除、安葬 **忌**修造動土、開市、立券、交易、納財、破土	**宜**祭祀、解除 **忌**祈福、出行、納采、問名、嫁娶、移徙、安床、修造動土、豎柱上樑、開市、立券、交易、納財、破土、安葬、啟攢	**日逢受死日，不宜諸吉事**	**宜**祭祀、祈福、出行、納采、問名、嫁娶、解除、修造動土、豎柱上樑、開市、立券、交易、納財、破土、啟攢 **忌**移徙	**宜**祭祀、祈福、出行、納采、問名、嫁娶、移徙、解除、修造動土、豎柱上樑、納財、安葬
房床門 外西南	門碓栖 外西南	碓磨床 外西南	廚灶碓 外西南	倉庫廁 外正西
沖兔 33歲 煞東	沖龍 32歲 煞北	沖蛇 31歲 煞西	沖馬 30歲 煞南	沖羊 29歲 煞東

16	15	14	13	12	11
星期二	星期一	星期日	星期六	星期五	星期四
	天德 月德 勿探病			勿探病	天赦日
十二	十一	初十	初九	初八	初七
癸未	壬午	辛巳	庚辰	己卯	戊寅
木	木	金	金	土	土
平	滿	除	建	閉	開
★	宜	★	★	★	宜
諸事不宜	**宜**祭祀、祈福、出行、納采、問名、嫁娶、移徙、解除、豎柱上樑、開市、立券、交易、納財、安葬 **忌**修造動土、破土	**忌**祈福、出行、納采、問名、嫁娶、移徙、安床、修造動土、豎柱上樑、破土、安葬、啟攢	**諸事不宜**	**忌**祈福、出行、納采、問名、嫁娶、移徙、安床、解除、修造動土、豎柱上樑、開市、立券、交易、納財、破土、安葬、啟攢	**宜**出行、納采、問名、嫁娶、移徙、解除、修造動土、豎柱上樑、開市、立券、交易、入宅 **忌**祭祀
房床廁 外西北	倉庫碓 外西北	廚灶床 外正西	碓磨棲 外正西	占大門 外正西	房床爐 外正西
沖牛 23歲 煞西	沖鼠 24歲 煞北	沖豬 25歲 煞東	沖狗 26歲 煞南	沖雞 27歲 煞西	沖猴 28歲 煞北

己亥年每日宜忌

穀雨	20	19	18	17
	六期星	五期星	四期星	三期星
	準提菩薩聖誕 天德合 月德合 刀砧日	保生大帝聖誕		
申時 16時55分	十六	十五	十四	十三
	丁亥	丙戌	乙酉	甲申
	土	土	水	水
	危	破	執	定
	★	宜	宜	★
斗指癸為穀雨，言雨生百穀也。時必雨下降，百穀滋長之意。節氣諺語：穀雨前三日無茶挽，穀雨後三日挽不及。這是指穀雨左右要開始摘採春茶、製春茶，這段期間茶農最為忙碌。	**日逢受死日，不宜諸吉事**	**宜** 祭祀、解除 **忌** 祈福、出行、納采、問名、嫁娶、移徙、安床、修造動土、豎柱上樑、開市、立券、交易、納財、破土、安葬、啟攢	**宜** 祭祀、祈福、出行、納采、問名、嫁娶、移徙、解除、豎柱上樑、開市、立券、交易、納財、安葬、入宅 **忌** 修造動土、破土	**忌** 祈福、出行、納采、問名、嫁娶、移徙、安床、解除、修造動土、豎柱上樑、開市、立券、交易、納財、破土、安葬、啟攢
	倉庫床 外西北	廚灶栖 外西北	碓磨門 外西北	占門爐 外西北
	沖蛇 19歲 煞西	沖龍 20歲 煞北	沖兔 21歲 煞東	沖虎 22歲 煞南

己亥年每日宜忌

25	24	23	22	21
四期星	三期星	二期星	一期星	日期星
天德 月德	註生娘娘千秋	太陽星君聖誕		刀砧日
廿一	二十	十九	十八	十七
壬辰	辛卯	庚寅	己丑	戊子
水	木	木	火	火
建	閉	開	收	成
宜	★	宜	宜	宜
宜 祭祀 **忌** 修造動土、破土	**忌** 祈福、出行、納采、問名、嫁娶、移徙、安床、解除、修造動土、豎柱上樑、開市、立券、交易、納財、破土、安葬、啟攢	**宜** 出行、納采、問名、移徙、解除、修造動土、豎柱上樑、開市、立券、交易、納財 **忌** 祭祀、嫁娶	**宜** 祭祀、納財 **忌** 祈福、出行、納采、問名、嫁娶、移徙、安床、解除、修造動土、豎柱上樑、開市、立券、交易、破土、安葬、啟攢	**宜** 祭祀、祈福、出行、納采、問名、嫁娶、修造動土、豎柱上樑、開市、立券、交易、納財 **忌** 移徙、破土、安葬、啟攢
倉庫栖 外正北	廚灶門 外正北	碓磨爐 外正北	占門廁 外正北	房床碓 外正北
沖狗 14歲 煞南	沖雞 15歲 煞西	沖猴 16歲 煞北	沖羊 17歲 煞東	沖馬 18歲 煞南

己亥年每日宜忌

30	29	28	27	26
二期星	一期星	日期星	六期星	五期星
鬼谷先師千秋 天德合 月德合			天上聖母聖誕	
廿六	廿五	廿四	廿三	廿二
丁酉	丙申	乙未	甲午	癸巳
火	火	金	金	水
執	定	平	滿	除
宜	宜	★	宜	宜
宜祭祀、祈福、出行、納采、問名、嫁娶、移徙、解除、竪柱上樑、立券、交易、納財、安葬、入宅 **忌**修造動土、破土	**宜**祭祀 **忌**祈福、出行、納采、問名、嫁娶、移徙、安床、解除、修造動土、竪柱上樑、開市、立券、交易、納財、破土、安葬、啟攢	**諸事不宜**	**宜**祭祀 **忌**祈福、出行、納采、問名、嫁娶、移徙、安床、解除、修造動土、竪柱上樑、開市、立券、交易、納財、破土、安葬、啟攢	**宜**入宅 **忌**祈福、出行、納采、問名、嫁娶、移徙、安床、修造動土、竪柱上樑、破土、安葬、啟攢
倉庫門 房內北	廚灶爐 房內北	碓磨廁 房內北	占門碓 房內北	占房床 房內北
沖兔 9歲 煞東	沖虎 10歲 煞南	沖牛 11歲 煞西	沖鼠 12歲 煞北	沖豬 13歲 煞東

二〇一九年 國曆五月大	1	2	3	4	5
	星期三	星期四	星期五	星期六	星期日
		東嶽大帝聖誕 刀砧日	刀砧日		天德 月德 勿探病
農曆四月 己巳 梅月 煞東方	廿七	廿八	廿九	三十	四月
	戊戌	己亥	庚子	辛丑	壬寅
	木	木	土	土	金
	破	危	成	收	開
	宜	★	宜	宜	宜
立夏東風少病痾，晴逢初八果生多 雷鳴甲子庚辰日，定主蝗蟲侵損禾	**宜** 祭祀、解除 **忌** 祈福、出行、納采、問名、嫁娶、移徙、安床、修造動土、豎柱上樑、開市、立券、交易、納財、破土、安葬、啟攢	**日逢受死日，不宜諸吉事**	**宜** 祭祀、祈福、出行、納采、問名、嫁娶、解除、修造動土、豎柱上樑、開市、立券、交易、納財、破土、啟攢 **忌** 移徙	**宜** 祭祀、納財 **忌** 祈福、出行、納采、問名、嫁娶、移徙、安床、解除、修造動土、豎柱上樑、開市、立券、交易、破土、安葬、啟攢	**宜** 出行、納采、問名、嫁娶、移徙、解除、修造動土、豎柱上樑、開市、立券、交易、入宅 **忌** 祭祀
每日胎神占方	房床栖 房內南	占門床 房內南	占碓磨 房內南	廚灶廁 房內南	倉庫爐 房內南
每日沖煞年齡	沖龍 8歲 煞北	沖蛇 7歲 煞西	沖馬 6歲 煞南	沖羊 5歲 煞東	沖猴 4歲 煞北

己亥年每日宜忌

6	立夏	7	8	9	10
一期星		二期星	三期星	四期星	五期星
刀砧日			文殊菩薩聖誕 月德合	天德合	
初二	寅時 03時03分	初三	初四	初五	初六
癸卯		甲辰	乙巳	丙午	丁未
金		火	火	水	水
開閉		閉	建	除	滿
宜		★	★	宜	宜
宜 祭祀	斗指東南維為立夏，萬物至此皆已長大，故名立夏。節氣諺語：立夏，補老父。民俗上，立夏日要為年老的父親進補。	**諸事不宜**	**日逢受死日，不宜諸吉事**	**宜** 祭祀、入宅 **忌** 祈福、出行、納采、問名、嫁娶、移徙、安床、解除、修造動土、豎柱上樑、開市、立券、交易、納財、破土、安葬、啟攢	**宜** 祭祀 **忌** 祈福、出行、納采、問名、嫁娶、移徙、安床、解除、修造動土、豎柱上樑、開市、立券、交易、納財、破土、安葬、啟攢
房床門 房內南		門雞栖 房內東	碓磨床 房內東	廚灶碓 房內東	倉庫廁 房內東
沖雞 3歲 煞西		沖狗 2歲 煞南	沖豬 1歲 煞東	沖鼠 60歲 煞北	沖牛 59歲 煞西

己亥年每日宜忌

11	12	13	14	15	16
星期六	**星期日**	**星期一**	**星期二**	**星期三**	**星期四**
	佛陀誕辰紀念日	月德	天德		
初七	**初八**	**初九**	**初十**	**十一**	**十二**
戊申	己酉	庚戌	辛亥	壬子	癸丑
土	土	金	金	木	木
平	定	執	破	危	成
宜	**宜**	**宜**	**宜**	★	**宜**
宜祭祀 **忌**祈福、安床	**宜**祭祀、祈福、出行、納采、問名、嫁娶、移徙、豎柱上樑、開市、立券、交易、納財、安葬、入宅 **忌**解除、修造動土、破土	**宜**祭祀、祈福、納采、問名、嫁娶、移徙、解除、修造動土、豎柱上樑、安葬 **忌**出行	**宜**祭祀、解除 **忌**祈福、出行、納采、問名、嫁娶、移徙、安床、修造動土、豎柱上樑、開市、立券、交易、納財、破土、安葬、啟攢	**忌**祈福、出行、納采、問名、嫁娶、移徙、安床、解除、修造動土、豎柱上樑、開市、立券、交易、納財、破土、安葬、啟攢	**宜**出行、修造動土、豎柱上樑、開市、立券、交易、納財 **忌**納采、問名、嫁娶、移徙
房床爐 房內東	占大門 外東北	碓磨栖 外東北	廚灶床 外東北	倉庫碓 外東北	房床廁 外東北
沖虎 58歲 煞南	沖兔 57歲 煞東	沖龍 56歲 煞北	沖蛇 55歲 煞西	沖馬 54歲 煞南	沖羊 53歲 煞東

小滿	21	20	19	18	17
	星期二	星期一	星期日	星期六	星期五
			天德合	純陽祖師聖誕 月德合 刀砧日 勿探病	刀砧日 勿探病
申時 15時59分	十七	十六	十五	十四	十三
	戊午	丁巳	丙辰	乙卯	甲寅
	火	土	土	水	水
	除	建	閉	開	收
	宜	★	宜	宜	★
斗指甲為小滿，萬物長於此少得盈滿，麥至此方，小滿而未全熟，故名。 節氣諺語：小滿櫄，芒種穗。 水稻在小滿前後開始含苞，到芒種左右會吐穗開花。	**宜**祭祀、入宅 **忌**祈福、出行、納采、問名、嫁娶、移徙、安床、解除、修造動土、豎柱上樑、開市、立券、交易、納財	**日逢受死日，不宜諸吉事**	**宜**祭祀 **忌**祈福、出行、納采、問名、嫁娶、移徙、安床、解除、修造動土、豎柱上樑、開市、立券、交易、納財、破土、安葬、啟攢	**宜**祭祀、祈福、出行、納采、問名、嫁娶、移徙、解除、修造動土、豎柱上樑、開市、立券、交易、納財	**忌**祭祀、祈福、出行、納采、問名、嫁娶、移徙、安床、解除、修造動土、豎柱上樑、開市、立券、交易、納財、破土、安葬、啟攢
	房床碓 外正東	倉庫床 外正東	廚灶栖 外正東	碓磨門 外正東	占門爐 外東北
	沖鼠48歲 煞北	沖豬49歲 煞東	沖狗50歲 煞南	沖雞51歲 煞西	沖猴52歲 煞北

26	25	24	23	22
星期日	星期六	星期五	星期四	星期三
	托塔天王聖誕	天德	月德	
廿二	廿一	二十	十九	十八
癸亥	壬戌	辛酉	庚申	己未
水	水	木	木	火
破	執	定	平	滿
★	宜	宜	宜	宜
諸事不宜	**宜**解除 **忌**出行、開市、立券、交易、納財	**宜**祭祀、祈福、出行、納采、問名、嫁娶、移徙、解除、修造動土、豎柱上樑、開市、立券、交易、納財、破土、安葬、入宅	**宜**祭祀、出行、移徙、修造動土、豎柱上樑、開市、立券、交易、納財、破土、安葬 **忌**祈福、納采、問名、嫁娶、安床、解除	**宜**祭祀 **忌**祈福、出行、納采、問名、嫁娶、移徙、安床、解除、修造動土、豎柱上樑、開市、立券、交易、納財、破土、安葬、啟攢
占房床 外東南	倉庫栖 外東南	廚灶門 外東南	碓磨爐 外東南	占門廁 外正東
沖蛇 43歲 煞西	沖龍 44歲 煞北	沖兔 45歲 煞東	沖虎 46歲 煞南	沖牛 47歲 煞西

己亥年每日宜忌

31	30	29	28	27
五期星	**四期星**	**三期星**	**二期星**	**一期星**
范五王爺千秋	神農大帝聖誕刀砧日	天德合刀砧日	月德合	
廿七	**廿六**	**廿五**	**廿四**	**廿三**
戊辰	丁卯	丙寅	乙丑	甲子
木	火	火	金	金
閉	開	收	成	危
★	**宜**	**宜**	**宜**	**宜**
諸事不宜	**宜** 祭祀	**宜** 出行、納采、問名、嫁娶、移徙、解除、豎柱上樑、立券、交易、納財 **忌** 祭祀、修造動土、破土	**宜** 祭祀、祈福、出行、納采、問名、嫁娶、解除、修造動土、豎柱上樑、開市、立券、交易、納財、安葬 **忌** 移徙	**宜** 入宅 **忌** 祈福、出行、納采、問名、嫁娶、移徙、安床、解除、修造動土、豎柱上樑、開市、立券、交易、納財
房床栖外正南	倉庫門外正南	廚灶爐外正南	碓磨廁外東南	占門碓外東南
沖狗38歲煞南	沖雞39歲煞西	沖猴40歲煞北	沖羊41歲煞東	沖馬42歲煞南

二〇一九年 國曆六月小	1	2	3	4	5
	星期六	星期日	星期一	星期二	星期三
		月德 勿探病	天德		
農曆五月 庚午 蒲月 煞北方 端陽有雨是豐年，芒種聞雷美亦然 夏至風從西北起，瓜蔬園內受熬煎	廿八	廿九	五月	初二	初三
	己巳	庚午	辛未	壬申	癸酉
	木	土	土	金	金
	建	除	滿	平	定
	★	宜	宜	宜	宜
	日逢受死日，不宜諸吉事	**宜** 祭祀、祈福、出行、納采、問名、嫁娶、移徙、解除、修造動土、豎柱上樑、破土、安葬	**宜** 祭祀、解除 **忌** 祈福、出行、納采、問名、嫁娶、移徙、安床、修造動土、豎柱上樑、開市、立券、交易、納財、破土、安葬、啟攢	**宜** 祭祀 **忌** 祈福、出行、安床、解除、修造動土、豎柱上樑	**宜** 出行、納采、問名、嫁娶、移徙、修造動土、豎柱上樑、開市、立券、交易、納財、破土、安葬、入宅 **忌** 解除
每日胎神占方	占門床 外正南	占碓磨 外正南	廚灶廁 外西南	倉庫爐 外西南	房床門 外西南
每日沖煞年齡	沖豬 37歲 煞東	沖鼠 36歲 煞北	沖牛 35歲 煞西	沖虎 34歲 煞南	沖兔 33歲 煞東

6	芒種	7	8	9
星期四		星期五	星期六	星期日
		端午節	清水祖師成道日 月德	巧聖先師聖誕
初四	辰時 07時06分	初五	初六	初七
甲戌		乙亥	丙子	丁丑
火		火	水	水
定執		執	破	危
宜		宜	★	宜
宜 祭祀、祈福、納采、問名、嫁娶、修造動土、豎柱上樑、立券、交易、納財、入宅 **忌** 解除	**斗指巳為芒種，此時可有種芒之穀，過此即失效，故名芒種。** **節氣諺語：芒種蝶仔討無食。** 指芒種前後，百花花期已過，蝴蝶無花粉可採。	**宜** 祭祀、入宅 **忌** 祈福、出行、納采、問名、嫁娶、移徙、安床、解除、修造動土、豎柱上樑、開市、立券、交易、納財、破土、安葬、啟攢	**日逢受死日，不宜諸吉事**	**宜** 祭祀 **忌** 祈福、出行、納采、問名、嫁娶、移徙、安床、解除、修造動土、豎柱上樑、開市、立券、交易、納財、破土、安葬、啟攢
門碓栖 外西南		碓磨床 外西南	廚灶碓 外西南	倉庫廁 外正西
沖龍 32歲 煞北		沖蛇 31歲 煞西	沖馬 30歲 煞南	沖羊 29歲 煞東

己亥年每日宜忌

16	15	14	13	12	11	10
日期星	六期星	五期星	四期星	三期星	二期星	一期星
	霞海城隍 千秋	勿探病	天下都城 隍千秋 月德合		刀砧日 勿探病	刀砧日
十四	十三	十二	十一	初十	初九	初八
甲申	癸未	壬午	辛巳	庚辰	己卯	戊寅
水	木	木	金	金	土	土
滿	除	建	閉	開	收	成
宜	宜	★	宜	宜	宜	宜
宜祭祀、祈福、出行、嫁娶、移徙、解除、開市、納財、破土、安葬、入宅 **忌**納采、問名、安床、立券、交易	**宜**出行、嫁娶、解除、立券、交易、納財、安葬、入宅	**諸事不宜**	**宜**祭祀 **忌**祈福、出行、解除	**宜**祭祀、祈福、出行、納采、問名、移徙、解除、修造動土、豎柱上樑、入宅 **忌**開市、立券、交易、納財	**宜**祭祀 **忌**祈福、出行、納采、問名、嫁娶、移徙、安床、解除、修造動土、豎柱上樑、開市、立券、交易、納財、破土、安葬、啟攢	**宜**出行、納采、問名、嫁娶、解除、修造動土、豎柱上樑、開市、立券、交易、納財 **忌**祭祀、移徙
占門爐 外西北	房床廁 外西北	倉庫碓 外西北	廚灶床 外正西	碓磨栖 外正西	占大門 外正西	房床爐 外正西
沖虎 22歲 煞南	沖牛 23歲 煞西	沖鼠 24歲 煞北	沖豬 25歲 煞東	沖狗 26歲 煞南	沖雞 27歲 煞西	沖猴 28歲 煞北

己亥年每日宜忌

夏至	21	20	19	18	17
	五期星	四期星	三期星	二期星	一期星
		張天師聖誕	蕭府王爺千秋	月德	
子時 23時54分	十九	十八	十七	十六	十五
	己丑	戊子	丁亥	丙戌	乙酉
	火	火	土	土	水
	危	破	執	定	平
	宜	★	宜	宜	★
斗指乙為夏至，萬物於此皆長大而極至，時夏將至，故名。 **節氣諺語：夏至，風颱就出世。** 指夏至後，台灣就開始進入颱風季節。	**宜**祭祀 **忌**祈福、出行、納采、問名、嫁娶、移徙、安床、解除、修造動土、豎柱上樑、開市、立券、交易、納財、破土、安葬、啟攢	**日逢受死日，不宜諸吉事**	**宜**祭祀 **忌**祈福、出行、納采、問名、嫁娶、移徙、安床、解除、修造動土、豎柱上樑、開市、立券、交易、納財、破土、安葬、啟攢	**宜**祭祀、祈福、出行、納采、問名、嫁娶、移徙、解除、修造動土、豎柱上樑、立券、交易、納財、入宅	**忌**祈福、出行、納采、問名、嫁娶、移徙、安床、解除、修造動土、豎柱上樑、開市、立券、交易、納財、破土、安葬、啟攢
	占門廁 外正北	房床碓 外正北	倉庫床 外西北	廚灶棲 外西北	碓磨門 外西北
	沖羊 17歲 煞東	沖馬 18歲 煞南	沖蛇 19歲 煞西	沖龍 20歲 煞北	沖兔 21歲 煞東

22	23	24	25	26
星期六	**星期日**	**星期一**	**星期二**	**星期三**
刀砧日	月德合 刀砧日			天赦日
二十	**廿一**	**廿二**	**廿三**	**廿四**
庚寅	辛卯	壬辰	癸巳	甲午
木	木	水	水	金
成	收	開	閉	建
宜	**宜**	**宜**	**宜**	**宜**
宜出行、納采、問名、嫁娶、修造動土、豎柱上樑、開市、立券、交易、納財、破土、啟攢 **忌**祭祀、移徙	**宜**祭祀 **忌**出行、嫁娶、移徙	**宜**祭祀、祈福、出行、納采、問名、移徙、解除、修造動土、豎柱上樑、入宅 **忌**開市、立券、交易、納財	**宜**入宅 **忌**祈福、出行、納采、問名、嫁娶、移徙、安床、解除、修造動土、豎柱上樑、開市、破土、安葬、啟攢	**宜**祭祀 **忌**祈福、出行、納采、問名、嫁娶、移徙、安床、解除、修造動土、豎柱上樑、開市、立券、交易、納財、破土、安葬、啟攢
碓磨爐 外正北	廚灶門 外正北	倉庫栖 外正北	占房床 房內北	占門碓 房內北
沖猴 16歲 煞北	沖雞 15歲 煞西	沖狗 14歲 煞南	沖豬 13歲 煞東	沖鼠 12歲 煞北

己亥年每日宜忌

30	29	28	27
日期星	六期星	五期星	四期星
		月德	
廿八	廿七	廿六	廿五
戊戌	丁酉	丙申	乙未
木	火	火	金
定	平	滿	除
宜	★	宜	宜
宜祭祀、祈福、出行、納采、問名、嫁娶、移徙、修造動土、豎柱上樑、立券、交易、納財、入宅 **忌**解除	**忌**祈福、出行、納采、問名、嫁娶、移徙、安床、解除、修造動土、豎柱上樑、開市、立券、交易、納財、破土、安葬、啟攢	**宜**祭祀、祈福、出行、納采、問名、嫁娶、移徙、解除、修造動土、豎柱上樑、開市、立券、交易、納財、破土、安葬、入宅 **忌**安床	**宜**出行、嫁娶、解除、立券、交易、納財、安葬、入宅
房床栖 房內南	倉庫門 房內北	廚灶爐 房內北	碓磨廁 房內北
沖龍 8歲 煞北	沖兔 9歲 煞東	沖虎 10歲 煞南	沖牛 11歲 煞西

二〇一九年國曆七月大	1	2	3	4	5
	一期星	二期星	三期星	四期星	五期星
			月德合	刀砧日 勿探病	韋陀尊者聖誕 刀砧日
農曆六月 辛未 荔月 煞西方	廿九	三十	六月	初二	初三
	己亥	庚子	辛丑	壬寅	癸卯
	木	土	土	金	金
	執	破	危	成	收
	宜	★	宜	宜	宜
小暑之中逢酷熱，五穀田中多不結 大暑若不見災厄，定主三冬多雨雪	**宜**祭祀 **忌**祈福、出行、納采、問名、嫁娶、移徙、安床、解除、修造動土、豎柱上樑、開市、立券、交易、納財、破土、安葬、啟攢	**日逢受死日，不宜諸吉事**	**宜**祭祀	**宜**出行、納采、問名、嫁娶、修造動土、豎柱上樑、開市、立券、交易、納財、破土、啟攢 **忌**祭祀、移徙	**宜**祭祀 **忌**祈福、出行、納采、問名、嫁娶、移徙、安床、解除、修造動土、豎柱上樑、開市、立券、交易、納財、破土、安葬、啟攢
每日胎神占方	占門床 房內南	占碓磨 房內南	廚灶廁 房內南	倉庫爐 房內南	房床門 房內南
每日沖煞年齡	沖蛇 7歲 煞西	沖馬 6歲 煞南	沖羊 5歲 煞東	沖猴 4歲 煞北	沖雞 3歲 煞西

己亥年每日宜忌

6	7	小暑	8	9
星期六	星期日		星期一	星期二
初四	初五	酉時 17時21分	初六	初七
甲辰	乙巳		丙午	丁未
火	火		水	水
開	開閉		閉	建
宜	宜		★	宜
宜 祭祀、祈福、出行、納采、問名、移徙、解除、豎柱上樑、入宅 **忌** 修造動土、開市、立券、交易、納財、破土	**宜** 祭祀 **忌** 祈福、出行、納采、問名、嫁娶、移徙、安床、解除、修造動土、豎柱上樑、開市、立券、交易、納財、破土、安葬、啟攢	**斗指辛為小暑，斯時天氣已熱，尚未達於極點，故名小暑。節氣諺語：小暑過，一日熱三分。** 指小暑過後，天氣會一天比一天熱。	**日逢受死日，不宜諸吉事**	**宜** 祭祀、出行 **忌** 祈福、納采、問名、嫁娶、解除、修造動土、豎柱上樑、破土、安葬、啟攢
門雞栖房內東	碓磨床房內東		廚灶碓房內東	倉庫廁房內東
沖狗2歲煞南	沖豬1歲煞東		沖鼠60歲煞北	沖牛59歲煞西

己亥年每日宜忌

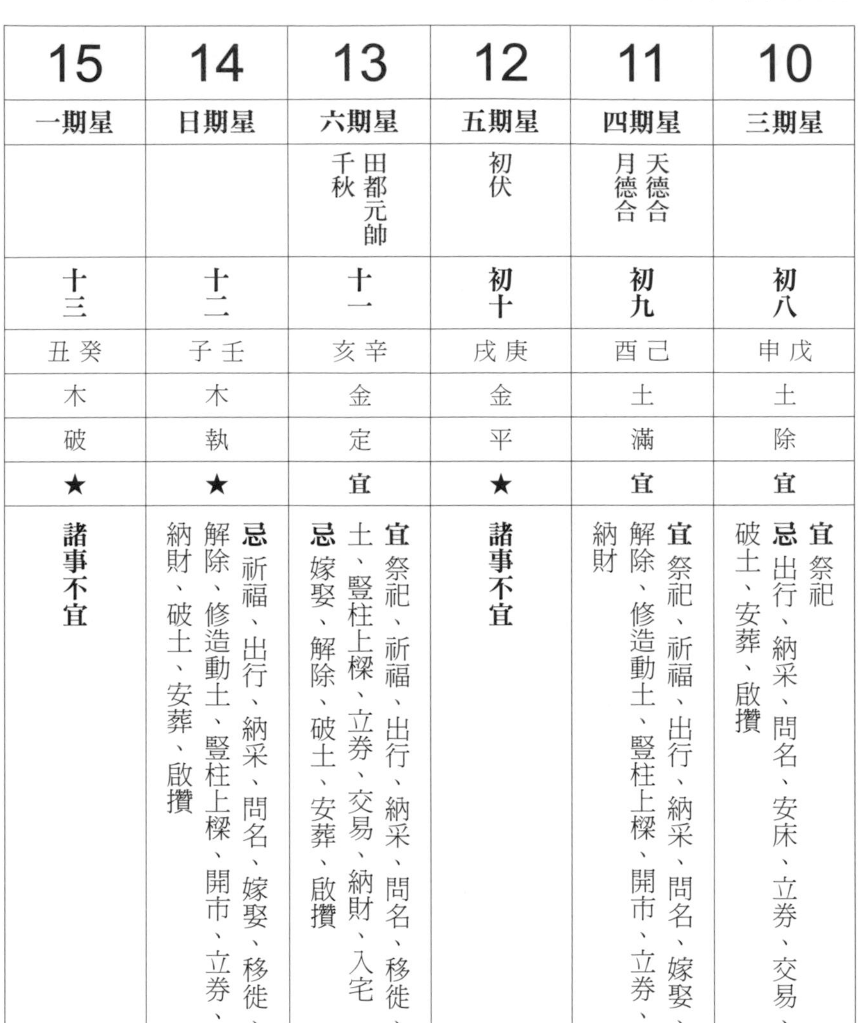

日	星期	神煞	農曆	干支	五行	建除	吉凶	宜忌	胎神	沖煞
10	星期三		初八	戊申	土	除	宜	**宜** 祭祀 **忌** 出行、納采、問名、安床、立券、交易、納財、破土、安葬、啟攢	房床爐 房內東	沖虎58歲煞南
11	星期四	天德合 月德合	初九	己酉	土	滿	宜	**宜** 祭祀、祈福、出行、納采、問名、嫁娶、移徙、解除、修造動土、豎柱上樑、開市、立券、交易、納財	占大門 外東北	沖兔57歲煞東
12	星期五	初伏	初十	庚戌	金	平	★	**諸事不宜**	碓磨棲 外東北	沖龍56歲煞北
13	星期六	田都元帥 千秋	十一	辛亥	金	定	宜	**宜** 祭祀、祈福、出行、納采、問名、移徙、修造動土、豎柱上樑、立券、交易、納財、入宅 **忌** 嫁娶、解除、破土、安葬、啟攢	廚灶床 外東北	沖蛇55歲煞西
14	星期日		十二	壬子	木	執	★	**忌** 祈福、出行、納采、問名、嫁娶、移徙、安床、解除、修造動土、豎柱上樑、開市、立券、交易、納財、破土、安葬、啟攢	倉庫碓 外東北	沖馬54歲煞南
15	星期一		十三	癸丑	木	破	★	**諸事不宜**	房床廁 外東北	沖羊53歲煞東

己亥年每日宜忌

16	17	18	19	20	21
星期二	星期三	星期四	星期五	星期六	星期日
天德 月德 刀砧日 勿探病	先天王靈官聖誕 刀砧日 勿探病				觀世音菩薩成道日 天德合 月德合
十四	十五	十六	十七	十八	十九
甲寅	乙卯	丙辰	丁巳	戊午	己未
水	水	土	土	火	火
危	成	收	開	閉	建
宜	宜	宜	★	★	宜
宜出行、移徙、安床、修造動土、豎柱上樑、開市、立券、交易、納財、破土、安葬、啟攢、入宅 **忌**祭祀、祈福、納采、問名、嫁娶、解除	**宜**出行、納采、問名、嫁娶、移徙、修造動土、豎柱上樑、開市、立券、交易、納財、破土、啟攢、入宅	**宜**祭祀、納財 **忌**祈福、出行、納采、問名、嫁娶、移徙、安床、解除、修造動土、豎柱上樑、開市、立券、交易、破土、安葬、啟攢	**諸事不宜**	**日逢受死日，不宜諸吉事**	**宜**祭祀、出行、移徙、納財 **忌**祈福、納采、問名、嫁娶、解除、修造動土、豎柱上樑、破土、安葬、啟攢
占門爐 外東北	碓磨門 外正東	廚灶栖 外正東	倉庫床 外正東	房床碓 外正東	占門廁 外正東
沖猴 52歲 煞北	沖雞 51歲 煞西	沖狗 50歲 煞南	沖豬 49歲 煞東	沖鼠 48歲 煞北	沖牛 47歲 煞西

22	23	大暑	24	25
一期星	二期星		三期星	四期星
中伏				
二十	廿一	巳時 10時50分	廿二	廿三
庚申	辛酉		壬戌	癸亥
木	木		水	水
除	滿		平	定
宜	宜		★	★
宜 祭祀、入宅 **忌** 出行、納采、問名、嫁娶、移徙、安床、修造動土、豎柱上樑、開市、立券、交易、納財	**宜** 祭祀 **忌** 祈福、出行、納采、問名、嫁娶、移徙、安床、解除、修造動土、豎柱上樑、開市、立券、交易、納財、破土、安葬、啟攢	**斗指丙為大暑，斯時天氣甚熱於小暑，故名大暑。** **節氣諺語：大暑熱不透，大水風颱到。** 大暑這天如果天氣不熱，表氣候不順，容易有水災、颱風等災害。	**諸事不宜**	**忌** 祈福、出行、納采、問名、嫁娶、移徙、安床、解除、修造動土、豎柱上樑、開市、立券、交易、納財、破土、安葬、啟攢
碓磨爐 外東南	廚灶門 外東南		倉庫栖 外東南	占房床 外東南
沖虎 46歲 煞南	沖兔 45歲 煞東		沖龍 44歲 煞北	沖蛇 43歲 煞西

己亥年每日宜忌

31	30	29	28	27	26
三期星	二期星	一期星	日期星	六期星	五期星
天德合 月德合		刀砧日	月德 刀砧日		關聖帝君聖誕 天德 月德
廿九	廿八	廿七	廿六	廿五	廿四
己巳	戊辰	丁卯	丙寅	乙丑	甲子
木	木	火	火	金	金
開	收	成	危	破	執
宜	宜	宜	宜	★	宜
宜祭祀、入宅 **忌**祈福、出行、納采、問名、嫁娶、移徙、安床、解除、修造動土、豎柱上樑、開市、立券、交易、納財、破土、安葬、啟攢	**宜**祭祀、納財 **忌**祈福、出行、納采、問名、嫁娶、移徙、安床、解除、修造動土、豎柱上樑、開市、立券、交易、破土、安葬、啟攢	**宜**出行、納采、問名、嫁娶、移徙、修造動土、豎柱上樑、開市、立券、交易、納財、破土、啟攢、入宅	**宜**開市、立券、交易、納財、破土、安葬、啟攢、入宅 **忌**祭祀、祈福、解除	**諸事不宜**	**宜**祭祀、祈福、出行、納采、問名、嫁娶、解除、修造動土、豎柱上樑、安葬 **忌**移徙
占門床 外正南	房床栖 外正南	倉庫門 外正南	廚灶爐 外正南	碓磨廁 外東南	占門碓 外東南
沖豬 37歲 煞東	沖狗 38歲 煞南	沖雞 39歲 煞西	沖猴 40歲 煞北	沖羊 41歲 煞東	沖馬 42歲 煞南

二〇一九年 國曆八月大	1	2	3	4	5
	星期四	星期五	星期六	星期日	星期一
	勿探病				天德 月德
農曆七月 壬申 巧月 煞南方 立秋無雨是堪憂，萬物從來只半收 處暑若逢天下雨，縱然結實也難留	七月	初二	初三	初四	初五
	庚午	辛未	壬申	癸酉	甲戌
	土	土	金	金	火
	閉	建	除	滿	平
	★	宜	宜	宜	宜
	日逢受死日，不宜諸吉事	宜 祭祀、祈福、出行、納采、問名、移徙、解除、豎柱上樑、納財、入宅 忌 修造動土、破土	宜 祭祀 忌 出行、納采、問名、移徙、安床、修造動土、豎柱上樑、開市、立券、交易、納財	宜 祭祀 忌 祈福、出行、納采、問名、嫁娶、移徙、安床、解除、修造動土、豎柱上樑、開市、立券、交易、納財、破土、安葬、啟攢	宜 祭祀 忌 祈福、出行、納采、問名、嫁娶、移徙、安床、解除、修造動土、豎柱上樑、開市、立券、交易、納財、破土、安葬、啟攢
每日胎神占方	占碓磨 外正南	廚灶廁 外西南	倉庫爐 外西南	房床門 外西南	門碓棲 外西南
每日沖煞年齡	沖鼠 36歲 煞北	沖牛 35歲 煞西	沖虎 34歲 煞南	沖兔 33歲 煞東	沖龍 32歲 煞北

己亥年每日宜忌

6	7	8	立秋	9
二期星	三期星	四期星		五期星
	七星娘娘千秋	月德合		
初六	初七	初八	寅時 03時13分	初九
乙亥	丙子	丁丑		戊寅
火	水	水		土
定	執	執破		破
宜	★	★		★
宜 納采、問名、修造動土、豎柱上樑、立券、交易、納財、入宅 **忌** 嫁娶、解除、破土、安葬、啟攢	**忌** 祈福、出行、納采、問名、嫁娶、移徙、安床、解除、修造動土、豎柱上樑、開市、立券、交易、納財、破土、安葬、啟攢	**日逢受死日，不宜諸吉事**	**斗指西南維為立秋，陰意出地始殺萬物，按秋訓禾，穀熟。** **節氣諺語：六月秋，快溜溜，七月秋，秋後油。** 指如果立秋在農曆六月，漁業作業期會提早結束，如果落在七月，表示天氣穩定，漁業會較晚結束。	**忌** 祭祀、祈福、出行、納采、問名、嫁娶、移徙、安床、解除、修造動土、豎柱上樑、開市、立券、交易、納財、破土、安葬、啟攢
碓磨床 外西南	廚灶碓 外西南	倉庫廁 外正西		房床爐 外正西
沖蛇 31歲 煞西	沖馬 30歲 煞南	沖羊 29歲 煞東		沖猴 28歲 煞北

己亥年每日宜忌

日期	星期	紀事	農曆	干支	五行	建除	宜/★	宜忌	方位	沖煞
10	星期六	勿探病	初十	己卯	土	危	宜	**宜**祭祀、入宅 **忌**祈福、出行、納采、問名、嫁娶、移徙、安床、解除、修造動土、豎柱上樑、開市、立券、交易、納財、破土	占大門 外正西	沖雞 27歲 煞西
11	星期日	末伏	十一	庚辰	金	成	★	**諸事不宜**	碓磨栖 外正西	沖狗 26歲 煞南
12	星期一	刀砧日	十二	辛巳	金	收	宜	**宜**嫁娶、開市、立券、交易、納財 **忌**出行	廚灶床 外正西	沖豬 25歲 煞東
13	星期二	大勢至菩薩聖誕 月德 刀砧日 勿探病	十三	壬午	木	開	宜	**宜**祭祀、祈福、出行、納采、問名、嫁娶、移徙、解除、修造動土、豎柱上樑、開市、納財	倉庫碓 外西北	沖鼠 24歲 煞北
14	星期三	天德	十四	癸未	木	閉	宜	**宜**祭祀 **忌**祈福、出行、納采、問名、嫁娶、移徙、安床、解除、修造動土、豎柱上樑、開市、立券、交易、納財、破土、安葬、啟攢	房床廁 外西北	沖牛 23歲 煞西
15	星期四	地官聖誕	十五	甲申	水	建	宜	**宜**出行、嫁娶、納財 **忌**祈福、納采、問名、安床、解除、修造動土、豎柱上樑、立券、交易、破土、安葬、啟攢	占門爐 外西北	沖虎 22歲 煞南

己亥年每日宜忌

21	20	19	18	17	16
三期星	二期星	一期星	日期星	六期星	五期星
		值年太歲星君千秋 天德合	瑤池金母聖誕 月德合		
廿一	二十	十九	十八	十七	十六
庚寅	己丑	戊子	丁亥	丙戌	乙酉
木	火	火	土	土	水
破	執	定	平	滿	除
★	★	宜	宜	★	宜
諸事不宜	**日逢受死日，不宜諸吉事**	**宜** 祭祀、祈福、出行、納采、問名、嫁娶、移徙、解除、修造動土、豎柱上樑、開市、立券、交易、納財、安葬、入宅	**宜** 祭祀、出行、納采、問名、移徙、豎柱上樑 **忌** 祈福、嫁娶、解除、修造動土、破土	**忌** 祭祀、納采、問名、嫁娶、開市、立券、交易、納財	**宜** 解除、破土、安葬 **忌** 出行、納采、問名、嫁娶、移徙、立券、交易
碓磨爐 外正北	占門廁 外正北	房床碓 外正北	倉庫床 外西北	廚灶棲 外西北	碓磨門 外西北
沖猴 16歲 煞北	沖羊 17歲 煞東	沖馬 18歲 煞南	沖蛇 19歲 煞西	沖龍 20歲 煞北	沖兔 21歲 煞東

22	23	處暑	24	25
星期四	星期五		星期六	星期日
	諸葛武侯千秋 月德		延平郡王千秋 天德 刀砧日	刀砧日
廿二	廿三	酉時 18時02分	廿四	廿五
辛卯	壬辰		癸巳	甲午
木	水		水	金
危	成		收	開
宜	宜		宜	宜
宜祭祀、啟攢、入宅 **忌**祈福、出行、納采、問名、嫁娶、移徙、安床、解除、修造動土、豎柱上樑、開市、立券、交易、納財、破土	**宜**祭祀、祈福、解除、修造動土、豎柱上樑、開市、立券、交易、納財、安葬 **忌**出行、納采、問名、嫁娶、移徙	**斗指戊為處暑，暑將退，伏而潛處，故名。** **節氣諺語：處暑，會曝死老鼠。** 指雖然已經進入秋天，但此時天氣還是會酷熱，所謂的秋老虎。	**宜**祭祀、祈福、納采、問名、嫁娶、移徙、解除、修造動土、豎柱上樑、開市、立券、交易、納財、入宅 **忌**出行	**宜**祭祀 **忌**納采、問名、安床
廚灶門 外正北	倉庫栖 外正北		占房床 房內北	占門碓 房內北
沖雞 15歲 煞西	沖狗 14歲 煞南		沖豬 13歲 煞東	沖鼠 12歲 煞北

己亥年每日宜忌

31	30	29	28	27	26
六期星	**五期星**	**四期星**	**三期星**	**二期星**	**一期星**
		地藏王菩薩聖誕 天德合	月德合		
初二	**八月**	**廿九**	**廿八**	**廿七**	**廿六**
庚子	己亥	戊戌	丁酉	丙申	乙未
土	木	木	火	火	金
定	平	滿	除	建	閉
宜	**宜**	**宜**	**宜**	**宜**	★
宜 祭祀、祈福、出行、移徙、修造動土、豎柱上樑、開市、立券、交易、納財、入宅 **忌** 納采、問名、嫁娶、解除、破土、安葬、啟攢	**宜** 祭祀 **忌** 祈福、出行、納采、問名、嫁娶、移徙、安床、解除、修造動土、豎柱上樑、開市、立券、交易、納財、破土、安葬、啟攢	**宜** 出行、納采、問名、嫁娶、移徙、解除、修造動土、豎柱上樑、開市、立券、交易、納財、安葬 **忌** 祭祀	**宜** 祭祀、祈福、納采、問名、解除、修造動土、豎柱上樑、破土、安葬 **忌** 出行、嫁娶、移徙	**宜** 出行、納財 **忌** 祈福、納采、問名、安床、解除、修造動土、豎柱上樑、立券、交易、破土、安葬、啟攢	**諸事不宜**
占碓磨 房內南	占門床 房內南	房床栖 房內南	倉庫門 房內北	廚灶爐 房內北	碓磨廁 房內北
沖馬 6歲 煞南	沖蛇 7歲 煞西	沖龍 8歲 煞北	沖兔 9歲 煞東	沖虎 10歲 煞南	沖牛 11歲 煞西

己亥年每日宜忌

二〇一九年 國曆九月小	1	2	3	4
	星期日	星期一	星期二	星期三
	北斗星君聖誕	月德 勿探病	雷聲普化天尊聖誕 天德	
農曆八月 癸酉 桂月 煞東方	初三	初四	初五	初六
	辛丑	壬寅	癸卯	甲辰
	土	金	金	火
	執	破	危	成
	★	★	宜	宜
秋分天氣白雲多，處處歡歌好晚禾 只怕此時雷電閃，冬來米價到如何	**日逢受死日，不宜諸吉事**	**忌** 祭祀、祈福、出行、納采、問名、嫁娶、移徙、安床、解除、修造動土、豎柱上樑、開市、立券、交易、納財、破土、安葬、啟攢	**宜** 祭祀、祈福、出行、納采、問名、嫁娶、移徙、安床、解除、豎柱上樑、立券、交易、納財、安葬、啟攢、入宅 **忌** 修造動土、破土	**宜** 祭祀、入宅 **忌** 祈福、出行、納采、問名、嫁娶、移徙、安床、解除、修造動土、豎柱上樑、開市、立券、交易、納財、破土、安葬、啟攢
每日胎神占方	廚灶廁 房內南	倉庫爐 房內南	房床門 房內南	門雞栖 房內東
每日沖煞年齡	沖羊 5歲 煞東	沖猴 4歲 煞北	沖雞 3歲 煞西	沖狗 2歲 煞南

己亥年每日宜忌

5	6	7	8	白露	9
四期星	五期星	六期星	日期星		一期星
刀砧日	刀砧日	月德合	天赦日		
初七	初八	初九	初十	卯時 06時17分	十一
巳乙	午丙	未丁	申戊		酉己
火	水	水	土		土
收	開	閉	建閉		建
宜	宜	宜	宜		★
宜 嫁娶、開市、立券、交易、納財 **忌** 出行	**宜** 祭祀 **忌** 納采、問名、嫁娶	**宜** 祭祀 **忌** 祈福、出行、納采、問名、嫁娶、移徙、安床、解除、修造動土、豎柱上樑、開市、立券、交易、納財、破土、安葬、啟攢	**宜** 祭祀、立券、交易、納財、安葬、入宅 **忌** 祈福、安床、解除	**斗指癸為白露，陰氣漸重，露凝而白，故名白露。** **節氣諺語：白露水，卡毒鬼。** 白露雨水性毒，一方面也指天氣變冷，露水冷冽，不利作物生長。	**諸事不宜**
碓磨床 房內東	廚灶碓 房內東	倉庫廁 房內東	房床爐 房內東		占大門 外東北
沖豬 1歲 煞東	沖鼠 60歲 煞北	沖牛 59歲 煞西	沖虎 58歲 煞南		沖兔 57歲 煞東

15	14	13	12	11	10
星期日	星期六	星期五	星期四	星期三	星期二
月德合 勿探病	勿探病	中秋節 臨水夫人千秋			月德
十七	十六	十五	十四	十三	十二
乙卯	甲寅	癸丑	壬子	辛亥	庚戌
水	水	木	木	金	金
破	執	定	平	滿	除
★	★	宜	宜	宜	宜
諸事不宜	**忌** 祭祀、祈福、出行、納采、問名、嫁娶、移徙、安床、解除、修造動土、豎柱上樑、開市、立券、交易、納財、破土、安葬、啟攢	**宜** 祭祀、祈福、出行、移徙、修造動土、豎柱上樑、立券、交易、納財、入宅 **忌** 納采、問名、嫁娶、解除	**宜** 祭祀 **忌** 祈福、出行、納采、問名、嫁娶、移徙、安床、解除、修造動土、豎柱上樑、開市、立券、交易、納財、破土、安葬、啟攢	**宜** 祭祀、祈福、出行、移徙 **忌** 納采、問名、嫁娶、開市、立券、交易、納財、破土、安葬、啟攢	**宜** 祭祀、祈福、出行、納采、問名、嫁娶、移徙、解除、修造動土、豎柱上樑、納財、安葬、入宅
碓磨門 外正東	占門爐 外東北	房床廁 外東北	倉庫碓 外東北	廚灶床 外東北	碓磨栖 外東北
沖雞 51歲 煞西	沖猴 52歲 煞北	沖羊 53歲 煞東	沖馬 54歲 煞南	沖蛇 55歲 煞西	沖龍 56歲 煞北

己亥年每日宜忌

21	20	19	18	17	16
六期星	五期星	四期星	三期星	二期星	一期星
	廣澤尊王聖誕 月德		秋社日 刀砧日	刀砧日	九天玄女千秋
廿三	廿二	廿一	二十	十九	十八
辛酉	庚申	己未	戊午	丁巳	丙辰
木	木	火	火	土	土
建	閉	開	收	成	危
宜	宜	★	宜	宜	宜
宜 祭祀 **忌** 祈福、出行、納采、問名、嫁娶、移徙、安床、解除、修造動土、豎柱上樑、開市、立券、交易、納財、破土、安葬、啟攢	**宜** 祭祀、立券、交易、納財、破土、安葬 **忌** 祈福、納采、問名、嫁娶、安床、解除	**日逢受死日，不宜諸吉事**	**宜** 祭祀 **忌** 祈福、出行、納采、問名、嫁娶、移徙、安床、解除、修造動土、豎柱上樑、開市、立券、交易、納財、破土、安葬、啟攢	**宜** 祭祀、祈福、納采、問名、嫁娶、移徙、修造動土、豎柱上樑、開市、立券、交易、納財、入宅 **忌** 出行、破土、安葬、啟攢	**宜** 入宅 **忌** 祈福、出行、解除、修造動土、豎柱上樑
廚灶門 外東南	碓磨爐 外東南	占門廁 外正東	房床碓 外正東	倉庫床 外正東	廚灶栖 外正東
沖兔 45歲 煞東	沖虎 46歲 煞南	沖牛 47歲 煞西	沖鼠 48歲 煞北	沖豬 49歲 煞東	沖狗 50歲 煞南

25	24	秋分	23	22
星期三	星期二		星期一	星期日
月德合				
廿七	廿六	申時 15時50分	廿五	廿四
乙丑	甲子		癸亥	壬戌
金	金		水	水
定	平		滿	除
宜	宜		宜	宜
宜祭祀、祈福、出行、納采、問名、嫁娶、移徙、解除、修造動土、豎柱上樑、立券、交易、納財、安葬、入宅	**宜**祭祀 **忌**祈福、出行、納采、問名、嫁娶、移徙、安床、解除、修造動土、豎柱上樑、開市、立券、交易、納財、破土、安葬、啟攢	**斗指己為秋分，南北兩半球晝夜均分，又適當秋之半，故名。** **節氣諺語：月半看田頭。** 指這時期稻作生長的好壞已可以看見。	**宜**祭祀、解除 **忌**嫁娶、破土、安葬、啟攢	**宜**祭祀、出行、移徙、解除、修造動土、豎柱上樑、入宅 **忌**祈福、納采、問名、嫁娶、開市、立券、交易、納財、破土、安葬、啟攢
碓磨廁 外東南	占門碓 外東南		占房床 外東南	倉庫栖 外東南
沖羊41歲 煞東	沖馬42歲 煞南		沖蛇43歲 煞西	沖龍44歲 煞北

己亥年每日宜忌

30	29	28	27	26
一期星	日期星	六期星	五期星	四期星
月德 刀砧日 勿探病	刀砧日			
初二	九月	三十	廿九	廿八
庚午	己巳	戊辰	丁卯	丙寅
土	木	木	火	火
收	成	危	破	執
宜	宜	宜	★	★
宜 祭祀 **忌** 出行	**宜** 祭祀、祈福、納采、問名、嫁娶、移徙、修造動土、豎柱上樑、開市、立券、交易、納財、入宅 **忌** 出行、破土、安葬、啟攢	**宜** 入宅 **忌** 祈福、出行、納采、問名、嫁娶、移徙、安床、解除、修造動土、豎柱上樑	**諸事不宜**	**忌** 祭祀、祈福、出行、納采、問名、嫁娶、移徙、安床、解除、修造動土、豎柱上樑、開市、立券、交易、納財、破土、安葬、啟攢
占碓磨 外正南	占門床 外正南	房床栖 外正南	倉庫門 外正南	廚灶爐 外正南
沖鼠 36歲 煞北	沖豬 37歲 煞東	沖狗 38歲 煞南	沖雞 39歲 煞西	沖猴 40歲 煞北

二〇一九年 國曆十月大	1	2	3	4	5
	二期星	三期星	四期星	五期星	六期星
					月德合
農曆九月 甲戌 菊月 煞北方 寒露飛霜侵損民，重陽無雨一冬晴 霜降火色人多病，更遇雷聲菜價增	初三	初四	初五	初六	初七
	辛未	壬申	癸酉	甲戌	乙亥
	土	金	金	火	火
	開	閉	建	除	滿
	★	宜	宜	宜	宜
	日逢受死日，不宜諸吉事	**宜** 祭祀、納財、破土、安葬 **忌** 祈福、出行、納采、問名、嫁娶、移徙、安床、解除、修造動土、豎柱上樑、開市、立券、交易	**宜** 祭祀 **忌** 祈福、出行、納采、問名、嫁娶、移徙、安床、解除、修造動土、豎柱上樑、開市、立券、交易、納財、破土、安葬、啟攢	**宜** 祭祀、出行、解除 **忌** 祈福、納采、問名、嫁娶、開市、立券、交易、納財、破土、安葬、啟攢	**宜** 祭祀、祈福、出行、納采、問名、移徙、解除、修造動土、豎柱上樑、開市、立券、交易、納財、入宅 **忌** 嫁娶
每日胎神占方	廚灶廁 外西南	倉庫爐 外西南	房床門 外西南	門碓棲 外西南	碓磨床 外西南
每日沖煞年齡	沖牛 35歲 煞西	沖虎 34歲 煞南	沖兔 33歲 煞東	沖龍 32歲 煞北	沖蛇 31歲 煞西

6	7	8	寒露	9
日期星	一期星	二期星		三期星
	中壇元帥千秋			勿探病
初八	初九	初十	亥時 22時06分	十一
丙子	丁丑	戊寅		己卯
水	水	土		土
平	定	定執		執
宜	宜	★		宜
宜 祭祀 **忌** 祈福、出行、納采、問名、嫁娶、移徙、安床、解除、修造動土、豎柱上樑、開市、立券、交易、納財、破土、安葬、啟攢	**宜** 納采、問名、嫁娶、修造動土、豎柱上樑、立券、交易、納財、入宅 **忌** 解除	**日逢受死日，不宜諸吉事**	**斗指甲為寒露，斯時露寒冷而將欲凝結，故名寒露。節氣諺語：白露水，寒露風。** 指白露這天如果下雨，則寒露時節會容易有風災。	**宜** 祭祀、祈福、嫁娶、安葬 **忌** 開市、立券、交易、納財、入宅
廚灶碓 外西南	倉庫廁 外正西	房床爐 外正西		占大門 外正西
沖馬 30歲 煞南	沖羊 29歲 煞東	沖猴 28歲 煞北		沖雞 27歲 煞西

己亥年每日宜忌

14	13	12	11	10
星期一	星期日	星期六	星期五	星期四
	吳三王爺千秋	刀砧日 勿探病	天德合 月德合 刀砧日	
十六	十五	十四	十三	十二
甲申	癸未	壬午	辛巳	庚辰
水	木	木	金	金
開	收	成	危	破
宜	宜	宜	宜	宜
宜祭祀、祈福、出行、移徙、解除、修造動土、豎柱上樑、開市、入宅 **忌**納采、問名、嫁娶、安床、立券、交易	**宜**祭祀 **忌**祈福、出行、納采、問名、嫁娶、移徙、安床、解除、修造動土、豎柱上樑、開市、立券、交易、納財、破土、安葬、啟攢	**宜**祭祀、祈福、出行、納采、問名、嫁娶、移徙、解除、修造動土、豎柱上樑、開市、立券、交易、納財、破土、安葬、入宅	**宜**祭祀、納采、問名、嫁娶、移徙、安床、修造動土、豎柱上樑 **忌**祈福、出行、解除	**宜**祭祀、解除 **忌**祈福、出行、納采、問名、嫁娶、移徙、安床、修造動土、豎柱上樑、開市、立券、交易、納財、破土、安葬、啟攢
占門爐 外西北	房床廁 外西北	倉庫碓 外西北	廚灶床 外正西	碓磨栖 外正西
沖虎 22歲 煞南	沖牛 23歲 煞西	沖鼠 24歲 煞北	沖豬 25歲 煞東	沖狗 26歲 煞南

己亥年每日宜忌

21	20	19	18	17	16	15
一期星	**日期星**	**六期星**	**五期星**	**四期星**	**三期星**	**二期星**
天德合 月德合				觀世音菩薩出家日	天德 月德	
廿三	**廿二**	**廿一**	**二十**	**十九**	**十八**	**十七**
辛卯	庚寅	己丑	戊子	丁亥	丙戌	乙酉
木	木	火	火	土	土	水
執	定	平	滿	除	建	閉
宜	★	★	**宜**	★	**宜**	★
宜祭祀、祈福、出行、納采、問名、嫁娶、移徙、解除、修造動土、豎柱上樑、開市、立券、交易、納財、破土、安葬、啟攢、入宅	**日逢受死日，不宜諸吉事**	**諸事不宜**	**宜**祭祀 **忌**祈福、出行、納采、問名、嫁娶、移徙、安床、解除、修造動土、豎柱上樑、開市、立券、交易、納財、破土、安葬、啟攢	**忌**祈福、納采、問名、嫁娶、移徙、安床、修造動土、豎柱上樑、破土、安葬、啟攢	**宜**祭祀、祈福、出行、納采、問名、嫁娶、移徙、解除、豎柱上樑、納財、安葬 **忌**修造動土、破土	**忌**祈福、出行、納采、問名、嫁娶、移徙、安床、解除、修造動土、豎柱上樑、開市、立券、交易、納財、破土、安葬、啟攢
廚灶門 外正北	碓磨爐 外正北	占門廁 外正北	房床碓 外正北	倉庫床 外西北	廚灶栖 外西北	碓磨門 外西北
沖雞15歲煞西	沖猴16歲煞北	沖羊17歲煞東	沖馬18歲煞南	沖蛇19歲煞西	沖龍20歲煞北	沖兔21歲煞東

22	23	24	霜降	25
星期二	星期三	星期四		星期五
	刀砧日	刀砧日		
廿四	廿五	廿六	丑時 01時20分	廿七
壬辰	癸巳	甲午		乙未
水	水	金		金
破	危	成		收
宜	宜	宜		★
宜祭祀、解除 **忌**祈福、出行、納采、問名、嫁娶、移徙、安床、修造動土、豎柱上樑、開市、立券、交易、納財、破土、安葬、啟攢	**宜**祭祀、納采、問名、嫁娶、移徙、安床、修造動土、豎柱上樑、納財、入宅 **忌**祈福、出行、解除、破土、安葬、啟攢	**宜**出行、納采、問名、嫁娶、移徙、修造動土、豎柱上樑、開市、立券、交易、納財、破土、安葬	**斗指巳為霜降，氣肅，露凝結為霜而下降，故名霜降。** **節氣諺語：**霜降，風颱走去藏。指霜降後，颱風季節也就結束了。	**忌**祈福、出行、納采、問名、嫁娶、移徙、安床、解除、修造動土、豎柱上樑、開市、立券、交易、納財、破土、安葬、啟攢
倉庫栖外正北	占房床房內北	占門碓房內北		碓磨廁房內北
沖狗14歲煞南	沖豬13歲煞東	沖鼠12歲煞北		沖牛11歲煞西

己亥年每日宜忌

31	30	29	28	27	26
四期星	三期星	二期星	一期星	日期星	六期星
天德合 月德合					天德 月德
初四	初三	初二	十月	廿九	廿八
丑辛	子庚	亥己	戌戊	酉丁	申丙
土	土	木	木	火	火
平	滿	除	建	閉	開
宜	宜	★	★	★	宜
宜祭祀 **忌**祈福、出行、納采、問名、嫁娶、移徙、安床、解除、修造動土、豎柱上樑、開市、立券、交易、納財、破土、安葬、啟攢	**宜**祭祀 **忌**祈福、出行、納采、問名、嫁娶、移徙、安床、解除、修造動土、豎柱上樑、開市、立券、交易、納財、破土、安葬、啟攢	**忌**祈福、問名、嫁娶、移徙、安床、修造動土、豎柱上樑、破土、安葬、啟攢	**諸事不宜**	**忌**祈福、出行、納采、問名、嫁娶、移徙、安床、解除、修造動土、豎柱上樑、開市、立券、交易、納財、破土、安葬、啟攢	**宜**祭祀、祈福、出行、納采、問名、嫁娶、移徙、解除、修造動土、豎柱上樑、開市、入宅 **忌**安床
廚灶廁 房內南	占碓磨 房內南	占門床 房內南	房床栖 房內南	倉庫門 房內北	廚灶爐 房內北
沖羊 5歲 煞東	沖馬 6歲 煞南	沖蛇 7歲 煞西	沖龍 8歲 煞北	沖兔 9歲 煞東	沖虎 10歲 煞南

二〇一九年 國曆十一月小	1	2	3	4	5
	星期五	星期六	星期日	星期一	星期二
	達摩祖師聖誕 勿探病			刀砧日	天德 月德 刀砧日
農曆十月 乙亥 陽月 煞西方 立冬之日怕逢壬，來歲高田枉費心 此日更逢壬子日，災情疾病損人民	初五	初六	初七	初八	初九
	壬寅	癸卯	甲辰	乙巳	丙午
	金	金	火	火	水
	定	執	破	危	成
	★	宜	宜	宜	宜
	日逢受死日，不宜諸吉事	**宜**祭祀、祈福、出行、納采、問名、嫁娶、移徙、解除、修造動土、豎柱上樑、破土、安葬、啟攢、入宅 **忌**開市、立券、交易、納財	**宜**祭祀、解除 **忌**祈福、出行、納采、問名、嫁娶、移徙、安床、修造動土、豎柱上樑、開市、立券、交易、納財、破土、安葬、啟攢	**宜**祭祀、安床 **忌**祈福、出行、解除、破土、安葬、啟攢	**宜**祭祀、祈福、出行、納采、問名、嫁娶、移徙、解除、修造動土、豎柱上樑、開市、立券、交易、納財、破土、安葬、入宅
每日胎神占方	倉庫爐 房內南	房床門 房內南	門雞栖 房內東	碓磨床 房內東	廚灶碓 房內東
每日沖煞年齡	沖猴 4歲 煞北	沖雞 3歲 煞西	沖狗 2歲 煞南	沖豬 1歲 煞東	沖鼠 60歲 煞北

6	7	8	立冬	9
三期星	四期星	五期星		六期星
水仙尊王 千秋	天赦日	月德 刀砧日		天德合
初十	十一	十二	丑時 01時24分	十三
丁未	戊申	己酉		庚戌
水	土	土		金
收	開	開閉		閉
★	宜	宜		宜
忌 祈福、出行、納采、問名、嫁娶、移徙、安床、解除、修造動土、豎柱上樑、開市、立券、交易、納財、破土、安葬、啟攢	**宜** 祭祀、祈福、出行、納采、問名、嫁娶、移徙、修造動土、豎柱上樑、開市 **忌** 安床	**宜** 祭祀、祈福、出行、納采、問名、嫁娶、移徙、解除、修造動土、豎柱上樑、開市、納財	**斗指西北維為立冬，冬者終也，立冬之時萬物終成，故名立冬。** **節氣諺語：補冬補嘴空。** 民俗上，立冬日要吃麻油雞等進補，儲備過冬的體力。	**宜** 祭祀 **忌** 祈福、出行、解除、破土、安葬、啟攢 **忌** 祈福、出行、納采、問名、嫁娶、移徙、安床、解除、修造動土、豎柱上樑、開市、立券、交易、納財、破土、安葬、啟攢
倉庫廁 房內東	房床爐 房內東	占大門 外東北		碓磨栖 外東北
沖牛 59歲 煞西	沖虎 58歲 煞南	沖兔 57歲 煞東		沖龍 56歲 煞北

14	13	12	11	10
星期四	星期三	星期二	星期一	星期日
天德 勿探病	月德 勿探病		水官聖誕	
十八	十七	十六	十五	十四
乙卯	甲寅	癸丑	壬子	辛亥
水	水	木	木	金
定	平	滿	除	建
宜	宜	宜	宜	宜
宜祭祀、祈福、出行、納采、問名、嫁娶、移徙、解除、修造動土、豎柱上樑、開市、立券、交易、納財、破土、安葬、啟攢、入宅	**宜**出行、移徙、修造動土、豎柱上樑、開市、立券、交易、納財、破土、安葬、啟攢 **忌**祭祀、祈福、納采、問名、嫁娶、解除	**宜**祭祀 **忌**祈福、出行、納采、問名、嫁娶、移徙、安床、解除、修造動土、豎柱上樑、開市、立券、交易、納財、破土、安葬、啟攢	**宜**入宅 **忌**祈福、出行、納采、問名、嫁娶、移徙、安床、解除、修造動土、豎柱上樑、開市、立券、交易、納財、破土、安葬、啟攢	**宜**祭祀 **忌**祈福、出行、納采、問名、嫁娶、移徙、安床、解除、修造動土、豎柱上樑、開市、立券、交易、納財、破土、安葬、啟攢
碓磨門 外正東	占門爐 外東北	房床廁 外東北	倉庫碓 外東北	廚灶床 外東北
沖雞 51歲 煞西	沖猴 52歲 煞北	沖羊 53歲 煞東	沖馬 54歲 煞南	沖蛇 55歲 煞西

己亥年每日宜忌

20	19	18	17	16	15
三期星	二期星	一期星	日期星	六期星	五期星
刀砧日	周倉將軍千秋 天德合 刀砧日	月德合			
廿四	**廿三**	**廿二**	**廿一**	**二十**	**十九**
辛酉	庚申	己未	戊午	丁巳	丙辰
木	木	火	火	土	土
開	收	成	危	破	執
宜	★	**宜**	**宜**	★	**宜**
宜 祭祀 **忌** 納采、問名、嫁娶、開市、立券、交易、納財	**日逢受死日，不宜諸吉事**	**宜** 祭祀、祈福、解除、修造動土、豎柱上樑、開市、立券、交易、納財、安葬 **忌** 出行、納采、問名、嫁娶、移徙	**宜** 祭祀 **忌** 祈福、出行、納采、問名、嫁娶、移徙、安床、解除、修造動土、豎柱上樑、開市、立券、交易、納財	**諸事不宜**	**宜** 解除 **忌** 出行、修造動土、開市、立券、交易、納財、破土
廚灶門 外東南	碓磨爐 外東南	占門廁 外正東	房床碓 外正東	倉庫床 外正東	廚灶栖 外正東
沖兔 45歲 煞東	沖虎 46歲 煞南	沖牛 47歲 煞西	沖鼠 48歲 煞北	沖豬 49歲 煞東	沖狗 50歲 煞南

21	22	小雪	23	24
星期四	星期五		星期六	星期日
			紫微星君聖誕 月德 天赦日	天德
廿五	廿六	亥時 22時59分	廿七	廿八
壬戌	癸亥		甲子	乙丑
水	水		金	金
閉	建		除	滿
★	宜		宜	宜
諸事不宜	**宜** 祭祀 **忌** 祈福、出行、納采、問名、嫁娶、移徙、安床、解除、修造動土、豎柱上樑、開市、立券、交易、納財、破土、安葬、啟攢	**斗指己，斯時天已積陰，寒未深而雪未大，故名小雪。** **節氣諺語：小雪小到。** 指烏魚群在小雪前後剛到台灣海峽來，數量還不多。	**宜** 祭祀、祈福、出行、納采、問名、嫁娶、移徙、解除、修造動土、豎柱上樑、納財、安葬	**宜** 祭祀 **忌** 出行、納采、問名、嫁娶、移徙
倉庫栖外東南	占房床外東南		占門碓外東南	碓磨廁外東南
沖龍44歲煞北	沖蛇43歲煞西		沖馬42歲煞南	沖羊41歲煞東

己亥年每日宜忌

25	26	27	28	29	30
星期一	**星期二**	**星期三**	**星期四**	**星期五**	**星期六**
			月德合	天德合 勿探病	
廿九	**十一月**	**初二**	**初三**	**初四**	**初五**
丙寅	丁卯	戊辰	己巳	庚午	辛未
火	火	木	木	土	土
平	定	執	破	危	成
宜	**宜**	**宜**	**宜**	**宜**	**宜**
宜出行、納采、問名、嫁娶、移徙、修造動土、豎柱上樑、開市、立券、交易、納財、破土、安葬、啟攢 **忌**祭祀、祈福、解除	**宜**出行、納采、問名、嫁娶、移徙、修造動土、豎柱上樑、開市、立券、交易、納財、破土、啟攢、入宅 **忌**解除	**宜**解除 **忌**出行、修造動土、開市、立券、交易、納財、破土	**宜**祭祀、解除 **忌**祈福、出行、納采、問名、嫁娶、移徙、安床、解除、修造動土、豎柱上樑、開市、立券、交易、納財、破土、安葬、啟攢	**宜**祭祀、祈福、出行、納采、問名、嫁娶、移徙、安床、解除、修造動土、豎柱上樑、破土、安葬、入宅	**宜**祭祀、祈福、納采、問名、修造動土、豎柱上樑、開市、立券、交易、納財 **忌**出行、嫁娶、移徙
廚灶爐 外正南	倉庫門 外正南	房床栖 外正南	占門床 外正南	占碓磨 外正南	廚灶廁 外西南
沖猴 40歲 煞北	沖雞 39歲 煞西	沖狗 38歲 煞南	沖豬 37歲 煞東	沖鼠 36歲 煞北	沖牛 35歲 煞西

二〇一九年 國曆十二月大

農曆十一月 丙子 葭月 煞南方

初一西風盜賊多，更兼大雪有災魔
冬至天晴無日色，來年定唱太平歌

國曆	星期	神煞	農曆	干支	五行	建除	宜	宜忌	每日胎神占方	每日沖煞年齡
1	星期日	刀砧日	初六	壬申	金	收	★	日逢受死日，不宜諸吉事	倉庫爐 外西南	沖虎 34歲 煞南
2	星期一	刀砧日	初七	癸酉	金	開	宜	**宜** 祭祀 **忌** 納采、問名、嫁娶、立券、交易	房床門 外西南	沖兔 33歲 煞東
3	星期二	月德	初八	甲戌	火	閉	宜	**宜** 祭祀 **忌** 祈福、出行、納采、問名、嫁娶、移徙、安床、解除、修造動土、豎柱上樑、開市、立券、交易、納財、破土、安葬、啟攢	門碓栖 外西南	沖龍 32歲 煞北
4	星期三	天德	初九	乙亥	火	建	宜	**宜** 祭祀 **忌** 嫁娶、修造動土、破土	碓磨床 外西南	沖蛇 31歲 煞西
5	星期四		初十	丙子	水	除	宜	**宜** 出行、移徙、解除、破土、啟攢、入宅	廚灶碓 外西南	沖馬 30歲 煞南

己亥年每日宜忌

6	7	大雪	8	9
五期星	六期星		日期星	一期星
太乙救苦天尊聖誕			勿探病	
十一	十二	酉時 18時18分	十三	十四
丁丑	戊寅		己卯	庚辰
水	土		土	金
滿	滿平		平	定
宜	宜		★	宜
宜祭祀 **忌**祈福、出行、納采、問名、嫁娶、移徙、安床、解除、修造動土、豎柱上樑、開市、立券、交易、納財、破土、安葬、啟攢	**宜**出行、解除、修造動土、豎柱上樑、開市、立券、交易、納財 **忌**祭祀、納采、問名、移徙	**斗指甲，斯時積陰為雪，至此栗烈而大過於小雪，故名大雪。** **節氣諺語：大雪大到。** 指烏魚群到了大雪時，便大批湧進台灣海峽。	**日逢受死日，不宜諸吉事**	**宜**祭祀、祈福、納采、問名、嫁娶、修造動土、豎柱上樑、立券、交易、納財、入宅 **忌**解除
倉庫廁 外正西	房床爐 外正西		占大門 外正西	碓磨栖 外正西
沖羊 29歲 煞東	沖猴 28歲 煞北		沖雞 27歲 煞西	沖狗 26歲 煞南

10	11	12	13	14
二期星	三期星	四期星	五期星	六期星
	月德 勿探病	阿彌陀佛 佛誕	刀砧日	刀砧日
十五	十六	十七	十八	十九
辛巳	壬午	癸未	甲申	乙酉
金	木	木	水	水
執	破	危	成	收
宜	宜	★	宜	宜
宜 祭祀、入宅 **忌** 祈福、出行、納采、問名、嫁娶、移徙、安床、解除、修造動土、豎柱上樑、開市、立券、交易、納財、破土、安葬、啟攢	**宜** 祭祀 **忌** 祈福、出行、納采、問名、嫁娶、移徙、安床、解除、修造動土、豎柱上樑、開市、立券、交易、納財、破土、安葬、啟攢	**忌** 祈福、出行、納采、問名、嫁娶、移徙、安床、解除、修造動土、豎柱上樑、開市、立券、交易、納財、破土、安葬、啟攢	**宜** 祭祀、祈福、出行、納采、問名、嫁娶、移徙、解除、豎柱上樑、開市、立券、交易、納財、安葬、入宅 **忌** 安床、修造動土、破土	**宜** 祭祀 **忌** 祈福、出行、納采、問名、嫁娶、移徙、安床、解除、修造動土、豎柱上樑、開市、立券、交易、納財、破土、安葬、啟攢
廚灶床 外正西	倉庫碓 外西北	房床廁 外西北	占門爐 外西北	碓磨門 外西北
沖豬 25歲 煞東	沖鼠 24歲 煞北	沖牛 23歲 煞西	沖虎 22歲 煞南	沖兔 21歲 煞東

己亥年每日宜忌

21	20	19	18	17	16	15
星期六	星期五	星期四	星期三	星期二	星期一	星期日
月德					月德合	
廿六	廿五	廿四	廿三	廿二	廿一	二十
壬辰	辛卯	庚寅	己丑	戊子	丁亥	丙戌
水	木	木	火	火	土	土
定	平	滿	除	建	閉	開
宜	★	宜	宜	★	宜	宜
宜祭祀、祈福、出行、納采、問名、嫁娶、移徙、解除、修造動土、豎柱上樑、立券、交易、納財、安葬、入宅	**日逢受死日，不宜諸吉事**	**宜**出行、嫁娶、解除、修造動土、豎柱上樑、開市、立券、交易、納財、破土、啟攢 **忌**祭祀、納采、問名、移徙	**宜**祭祀、祈福、出行、嫁娶、解除、立券、交易、納財、安葬、入宅	**諸事不宜**	**宜**祭祀、入宅 **忌**祈福、嫁娶、解除	**宜**祭祀、祈福、解除、修造動土、豎柱上樑 **忌**出行、嫁娶、移徙、開市、立券、交易、納財
倉庫栖 外正北	廚灶門 外正北	碓磨爐 外正北	占門廁 外正北	房床碓 外正北	倉庫床 外西北	廚灶栖 外西北
沖狗 14歲 煞南	沖雞 15歲 煞西	沖猴 16歲 煞北	沖羊 17歲 煞東	沖馬 18歲 煞南	沖蛇 19歲 煞西	沖龍 20歲 煞北

22	冬至	23	24	25
日期星		一期星	二期星	三期星
				刀砧日
廿七	午時 12時19分	廿八	廿九	三十
癸巳		甲午	乙未	丙申
水		金	金	火
執		破	危	成
宜		★	宜	宜
宜祭祀、入宅 **忌**祈福、出行、納采、問名、嫁娶、移徙、安床、解除、修造動土、豎柱上樑、開市、立券、交易、納財、破土、安葬、啟攢	時陰極之至，明陽氣始至，日行至南，北半球晝最短而夜最長。 節氣諺語：冬至烏，過年酥。 冬至這天如果下雨，那麼過年時就有很高的機率會放晴。	**諸事不宜**	**宜**祭祀 **忌**祈福、出行、納采、問名、嫁娶、移徙、安床、解除、修造動土、豎柱上樑、開市、立券、交易、納財、破土、安葬、啟攢	**宜**出行、納采、問名、嫁娶、移徙、解除、豎柱上樑、開市、立券、交易、納財、安葬、入宅 **忌**安床、修造動土、破土
占房床 房內北		占門碓 房內北	碓磨廁 房內北	廚灶爐 房內北
沖豬 13歲 煞東		沖鼠 12歲 煞北	沖牛 11歲 煞西	沖虎 10歲 煞南

己亥年每日宜忌

31	30	29	28	27	26
二期星	**一期星**	**日期星**	**六期星**	**五期星**	**四期星**
月德 勿探病					月德合 刀砧日
初六	**初五**	**初四**	**初三**	**初二**	**十二月**
壬寅	辛丑	庚子	己亥	戊戌	丁酉
金	土	土	木	木	火
滿	除	建	閉	開	收
宜	**宜**	★	★	**宜**	**宜**
宜出行、納采、問名、嫁娶、解除、修造動土、豎柱上樑、開市、立券、交易、納財、破土、安葬、啟攢 **忌**祭祀、移徙	**宜**祭祀、祈福、出行、嫁娶、解除、立券、交易、納財、安葬	**諸事不宜**	**忌**祈福、出行、納采、問名、嫁娶、移徙、安床、解除、造動土、豎柱上樑、開市、破土、安葬、啟攢	**宜**祭祀、祈福、解除、修造動土、豎柱上樑 **忌**出行、嫁娶、移徙、開市、立券、交易、納財	**宜**祭祀
倉庫爐 房內南	廚灶廁 房內南	占碓磨 房內南	占門床 房內南	房床栖 房內南	倉庫門 房內北
沖猴 4歲 煞北	沖羊 5歲 煞東	沖馬 6歲 煞南	沖蛇 7歲 煞西	沖龍 8歲 煞北	沖兔 9歲 煞東

己亥年每日宜忌

二〇二〇年 國曆一月大	1	2	3	4	5
	星期三	星期四	星期五	星期六	星期日
					月德合
農曆十二月 丁丑 臘月 煞東方 —— 朔日西風六畜災，綿絲五穀德成堆 最喜大寒無雨雪，太平冬盡賀春來	初七	初八	初九	初十	十一
	癸卯	甲辰	乙巳	丙午	丁未
	金	火	火	水	水
	平	定	執	破	危
	★	宜	宜	★	宜
	日逢受死日，不宜諸吉事	**宜** 祭祀、祈福、出行、納采、問名、嫁娶、移徙、修造動土、豎柱上樑、立券、交易、納財、入宅 **忌** 解除	**宜** 祭祀、入宅 **忌** 祈福、出行、納采、問名、嫁娶、移徙、安床、解除、修造動土、豎柱上樑、開市、立券、交易、納財、破土、安葬、啟攢	**諸事不宜**	**宜** 祭祀 **忌** 納采、問名、嫁娶
每日胎神占方	房床門 房內南	門雞栖 房內東	碓磨床 房內東	廚灶碓 房內東	倉庫廁 房內東
每日沖煞年齡	沖雞 3歲 煞西	沖狗 2歲 煞南	沖豬 1歲 煞東	沖鼠 60歲 煞北	沖牛 59歲 煞西

己亥年每日宜忌

6	小寒	7	8	9
一期星		二期星	三期星	四期星
刀砧日		刀砧日	天德 月德	
十二	卯時 05時30分	十三	十四	十五
戊申		己酉	庚戌	辛亥
土		土	金	金
危成		成	收	開
宜		★	宜	宜
宜 祭祀、開市、納財 **忌** 祈福、納采、問名、安床、解除、立券、交易	**斗指戊為小寒，時天氣漸寒，尚未大冷，故名小寒。** **節氣諺語：小寒大冷，人馬安。** 小寒時天氣應寒冷，人畜才會平安。	**日逢受死日，不宜諸吉事**	**宜** 祭祀	**宜** 祭祀 **忌** 祈福、出行、納采、問名、嫁娶、移徙、安床、解除、修造動土、豎柱上樑、開市、立券、交易、納財、破土、安葬、啟攢
房床爐 房內東		占大門 外東北	碓磨栖 外東北	廚灶床 外東北
沖虎 58歲 煞南		沖兔 57歲 煞東	沖龍 56歲 煞北	沖蛇 55歲 煞西

10	11	12	13	14	15
五期星	六期星	日期星	一期星	二期星	三期星
		勿探病	天德合 月德合 勿探病		
十六	十七	十八	十九	二十	廿一
壬子	癸丑	甲寅	乙卯	丙辰	丁巳
木	木	水	水	土	土
閉	建	除	滿	平	定
宜	★	宜	宜	★	★
宜祭祀 **忌**祈福、出行、納采、問名、嫁娶、移徙、安床、解除、修造動土、豎柱上樑、開市、立券、交易、納財、破土、安葬	**忌**祈福、出行、納采、問名、嫁娶、移徙、解除、修造動土、豎柱上樑、破土、安葬、啟攢	**宜**入宅 **忌**祭祀、出行、納采、問名、嫁娶	**宜**祭祀、祈福、出行、納采、問名、嫁娶、移徙、解除、豎柱上樑、開市、立券、交易、納財、安葬、啟攢 **忌**修造動土、破土	**諸事不宜**	**忌**祈福、出行、納采、問名、嫁娶、移徙、安床、解除、修造動土、豎柱上樑、開市、立券、交易、納財、破土、安葬、啟攢
倉庫碓 外東北	房床廁 外東北	占門爐 外東北	碓磨門 外正東	廚灶棲 外正東	倉庫床 外正東
沖馬 54歲 煞南	沖羊 53歲 煞東	沖猴 52歲 煞北	沖雞 51歲 煞西	沖狗 50歲 煞南	沖豬 49歲 煞東

己亥年每日宜忌

大寒	20	19	18	17	16
	星期一	星期日	星期六	星期五	星期四
		天神下降 日 刀砧日	送神日 天德 月德 刀砧日		
亥時 22時55分	廿六	廿五	廿四	廿三	廿二
	壬戌	辛酉	庚申	己未	戊午
	水	木	木	火	火
	收	成	危	破	執
	宜	★	宜	宜	★
斗指癸為大寒，時大寒粟烈已極，故名大寒。 **節氣諺語：大寒不寒，春分不暖。** 大寒若天氣溫暖，表氣候不順，隔年春分仍會寒冷。	**宜** 祭祀 **忌** 祈福、出行、納采、問名、嫁娶、移徙、安床、解除、修造動土、豎柱上樑、開市、立券、交易、納財、破土、安葬、啟攢	**日逢受死日，不宜諸吉事**	**宜** 祭祀、出行、移徙、修造動土、豎柱上樑、開市、立券、交易、納財、破土、安葬、入宅 **忌** 祈福、納采、問名、嫁娶、安床、解除	**宜** 祭祀 **忌** 祈福、出行、納采、問名、嫁娶、移徙、安床、修造動土、豎柱上樑、開市、立券、交易、納財、破土、安葬、啟攢	**忌** 祈福、出行、納采、問名、嫁娶、移徙、安床、解除、修造動土、豎柱上樑、開市、立券、交易、納財、破土、安葬、啟攢
	倉庫栖 外東南	廚灶門 外東南	碓磨爐 外東南	占門廁 外正東	房床碓 外正東
	沖龍 44歲 煞北	沖兔 45歲 煞東	沖虎 46歲 煞南	沖牛 47歲 煞西	沖鼠 48歲 煞北

21	22	23	24	25	26
星期二	星期三	星期四	星期五	星期六	星期日
	天赦日	天德合 月德合	除夕 月德	春節	
廿七	廿八	廿九	三十	正月	初二
癸亥	甲子	乙丑	丙寅	丁卯	戊辰
水	金	金	火	火	木
開	閉	建	除	滿	平
★	宜	宜	宜	宜	★
諸事不宜	**宜** 祭祀、安葬	**宜** 祭祀、祈福、納采、問名、解除、豎柱上樑、納財、安葬 **忌** 出行、嫁娶、移徙、修造動土、破土	**宜** 入宅 **忌** 祭祀、出行	**宜** 祭祀 **忌** 祈福、出行、納采、問名、嫁娶、移徙、安床、解除、修造動土、豎柱上樑、開市、立券、交易、納財、破土、安葬、啟攢	**諸事不宜**
占房床 外東南	占門碓 外東南	碓磨廁 外東南	廚灶爐 外正南	倉庫門 外正南	房床栖 外正南
沖蛇 43歲 煞西	沖馬 42歲 煞南	沖羊 41歲 煞東	沖猴 40歲 煞北	沖雞 40歲 煞西	沖狗 39歲 煞南

己亥年每日宜忌

31	30	29	28	27
五期星	**四期星**	**三期星**	**二期星**	**一期星**
刀砧日	清水祖師聖誕 刀砧日		孫真人聖誕 天德 月德 勿探病	
初七	**初六**	**初五**	**初四**	**初三**
癸酉	壬申	辛未	庚午	己巳
金	金	土	土	木
成	危	破	執	定
★	**宜**	**宜**	**宜**	**宜**
日逢受死日，不宜諸吉事	**宜** 祭祀、開市、納財、破土、安葬 **忌** 祈福、納采、問名、安床、解除、立券、交易	**宜** 祭祀、解除 **忌** 祈福、出行、納采、問名、嫁娶、移徙、安床、修造動土、豎柱上樑、開市、立券、交易、納財、破土、安葬、啟攢	**宜** 祭祀、祈福、出行、納采、問名、嫁娶、移徙、解除、修造動土、豎柱上樑、破土、安葬	**宜** 納采、問名、修造動土、豎柱上樑、立券、交易、納財、入宅 **忌** 出行、嫁娶、解除、破土、安葬、啟攢
房床門 外西南	倉庫爐 外西南	廚灶廁 外西南	占碓磨 外正南	占門床 外正南
沖兔 34歲 煞東	沖虎 35歲 煞南	沖牛 36歲 煞西	沖鼠 37歲 煞北	沖豬 38歲 煞東

二〇二〇年 國曆二月小	1	2	3	4
	星期六	星期日	星期一	星期二
	月德	玉皇大帝聖誕 天德合 月德合		天德
農曆一月 戊寅 端月 煞北方	初八	初九	初十	十一
	甲戌	乙亥	丙子	丁丑
	火	火	水	水
	收	開	閉	閉建
	宜	宜	宜	宜
立春最喜晴一日，元旦景雲光齊天 雨水連綿是豐年，農夫不用力耕田	**宜** 祭祀 **忌** 祈福、出行、納采、問名、嫁娶、移徙、安床、解除、修造動土、豎柱上樑、開市、立券、交易、納財、破土、安葬、啟攢	**宜** 祭祀、祈福、解除、修造動土、豎柱上樑、開市、納財、入宅 **忌** 出行、納采、問名、嫁娶、移徙	**宜** 祭祀、安葬、啟攢 **忌** 祈福、出行、納采、問名、嫁娶、移徙、安床、解除、修造動土、豎柱上樑、開市、立券、交易、納財、破土	**宜** 祭祀 **忌** 祈福、出行、納采、問名、嫁娶、移徙、安床、解除、修造動土、豎柱上樑、開市、立券、交易、納財、破土、安葬、啟攢
每日胎神占方	門碓栖 外西南	碓磨床 外西南	廚灶碓 外西南	倉庫廁 外正西
每日沖煞年齡	沖龍 33歲 煞北	沖蛇 32歲 煞西	沖馬 31歲 煞南	沖羊 30歲 煞東

5	6	7	8
三期星	四期星	五期星	六期星
天赦日	關聖帝君飛昇日勿探病		元宵節天官聖誕月德合
十二	十三	十四	十五
戊寅	己卯	庚辰	辛巳
土	土	金	金
建	除	滿	平
宜	宜	宜	宜
宜 納采、問名、解除、豎柱上樑、立券、交易、納財、安葬 **忌** 祭祀、出行、嫁娶、移徙、修造動土、破土	**宜** 出行、嫁娶、解除、立券、交易、入宅	**宜** 祭祀、祈福 **忌** 納采、問名、嫁娶、開市、立券、交易、納財	**宜** 祭祀 **忌** 祈福、出行、解除
房床爐外正西	占大門外正西	碓磨栖外正西	廚灶床外正西
沖猴29歲煞北	沖雞28歲煞西	沖狗27歲煞南	沖豬26歲煞東

立春

酉時 17時03分

斗指東北維為立春，時春氣始至，四時之卒始，故名立春也。

節氣諺語：立春打雷，十處豬欄九處空。

立春這天如果打雷，會六畜不安。相反的，雷不打春，今年一定好年冬。

14	13	12	11	10	9
五期星	四期星	三期星	二期星	一期星	日期星
天德 刀砧日	月德				天德合 勿探病
廿一	二十	十九	十八	十七	十六
丁亥	丙戌	乙酉	甲申	癸未	壬午
土	土	水	水	木	木
收	成	危	破	執	定
宜	★	宜	宜	★	宜
宜祭祀、祈福、出行、納采、問名、移徙、解除、修造動土、豎柱上樑、開市、立券、交易、納財 **忌**嫁娶	**日逢受死日，不宜諸吉事**	**宜**祭祀、破土、安葬、入宅 **忌**祈福、出行、納采、問名、嫁娶、移徙、安床、解除、修造動土、豎柱上樑、開市、立券、交易、納財	**宜**祭祀、解除 **忌**祈福、出行、納采、問名、嫁娶、移徙、安床、修造動土、豎柱上樑、開市、立券、交易、納財、破土、安葬、啟攢	**忌**開市、立券、交易、納財	**宜**祭祀、祈福、出行、納采、問名、嫁娶、移徙、解除、修造動土、豎柱上樑、開市、立券、交易、納財、破土、安葬、入宅
倉庫床 外西北	廚灶棲 外西北	碓磨門 外西北	占門爐 外西北	房床廁 外西北	倉庫碓 外西北
沖蛇 20歲 煞西	沖龍 21歲 煞北	沖兔 22歲 煞東	沖虎 23歲 煞南	沖牛 24歲 煞西	沖鼠 25歲 煞北

己亥年每日宜忌

雨水

午時 12時57分

15	16	17	18	19
六期星	日期星	一期星	二期星	三期星
刀砧日			月德合	天德合
廿二	廿三	廿四	廿五	廿六
戊子	己丑	庚寅	辛卯	壬辰
火	火	木	木	水
開	閉	建	除	滿
宜	★	宜	宜	宜
宜 祭祀 **忌** 納采、問名、嫁娶、破土、安葬、啟攢	**諸事不宜**	**宜** 立券、交易、納財 **忌** 祭祀、祈福、出行、納采、問名、嫁娶、移徙、解除、修造動土、豎柱上樑、破土、安葬、啟攢	**宜** 祭祀、祈福、出行、納采、問名、嫁娶、移徙、解除、修造動土、豎柱上樑、立券、交易、破土、安葬、啟攢、入宅	**宜** 祭祀、祈福、出行、納采、問名、嫁娶、移徙、解除、修造動土、豎柱上樑、開市、立券、交易、納財、安葬
房床碓 外正北	占門廁 外正北	碓磨爐 外正北	廚灶門 外正北	倉庫栖 外正北
沖馬 19歲 煞南	沖羊 18歲 煞東	沖猴 17歲 煞北	沖雞 16歲 煞西	沖狗 15歲 煞南

斗指壬為雨水，時東風解凍，冰雪皆散而為水，化而為雨，故名雨水。

節氣諺語：雨水，海水卡冷鬼。

雨水時節雖已入春，但溫度仍低，海水摸起來還是非常冷冽。

20	21	22	23
星期四	星期五	星期六	星期日
			月德
廿七	廿八	廿九	二月
癸巳	甲午	乙未	丙申
水	金	金	火
平	定	執	破
★	宜	★	宜
忌祈福、出行、納采、問名、嫁娶、移徙、安床、解除、修造動土、豎柱上樑、開市、立券、交易、納財、破土、安葬、啟攢	**宜**祭祀、祈福、出行、納采、問名、嫁娶、移徙、修造動土、豎柱上樑、開市、立券、交易、納財、入宅 **忌**解除、破土、安葬、啟攢	**忌**出行、納采、問名、嫁娶、移徙、解除、修造動土、豎柱上樑、開市、立券、交易、納財、破土、安葬、啟攢	**宜**祭祀、解除 **忌**祈福、出行、納采、問名、嫁娶、移徙、安床、修造動土、豎柱上樑、開市、立券、交易、納財、破土、安葬、啟攢
占房床 房內北	占門碓 房內北	碓磨廁 房內北	廚灶爐 房內北
沖豬 14歲 煞東	沖鼠 13歲 煞北	沖牛 12歲 煞西	沖虎 11歲 煞南

己亥年每日宜忌

29	28	27	26	25	24
六期星	**五期星**	**四期星**	**三期星**	**二期星**	**一期星**
天德合 勿探病	月德合	刀砧日	刀砧日	文昌帝君 聖誕	福德正神 千秋 天德
初七	**初六**	**初五**	**初四**	**初三**	**初二**
壬寅	辛丑	庚子	己亥	戊戌	丁酉
金	土	土	木	木	火
建	閉	開	收	成	危
宜	**宜**	**宜**	**宜**	★	**宜**
宜納采、問名、解除、豎柱上樑、立券、交易、納財、安葬、啟攢 **忌**祭祀、出行、嫁娶、移徙、修造動土、豎柱上樑、破土	**宜**祭祀 **忌**祈福、出行、納采、問名、嫁娶、移徙、安床、解除、修造動土、豎柱上樑、開市、立券、交易、納財、破土、安葬、啟攢	**宜**祭祀 **忌**納采、問名、修造動土、破土	**宜**祭祀、祈福、開市、立券、交易、納財 **忌**嫁娶、破土、安葬、啟攢	**日逢受死日，不宜諸吉事**	**宜**祭祀、祈福、出行、納采、問名、嫁娶、移徙、安床、解除、修造動土、豎柱上樑、納財、破土、安葬、入宅
倉庫爐 房內南	廚灶廁 房內南	占碓磨 房內南	占門床 房內南	房床栖 房內南	倉庫門 房內北
沖猴 5歲 煞北	沖羊 6歲 煞東	沖馬 7歲 煞南	沖蛇 8歲 煞西	沖龍 9歲 煞北	沖兔 10歲 煞東

擇日與擇時

如何擇日與擇時 190

己亥年每日時局表 192

如何擇日與擇時

目前農民曆比較常被使用的功能就是「擇日」。雖然家家戶戶都有農民曆，上面「宜」、「忌」也標明得很清楚，不過大部分的人面對重要的事項，例如：結婚、安葬、安床等，仍都會慎重的請懂得命理的老師來選擇。

原因就在於除了少數的幾個「諸事皆宜」的日子之外，大部分的好日子，也不是每一件事情都可以做，甚至是在「諸事皆宜」的日子當中，也不是每個時辰都是好時辰，因此如何趨吉避凶，就著實令人煞費苦心。

不過除了牽涉廣泛的人生大事，像是嫁娶、安葬、生產等需要專業老師來擇日，其他像是日常的搬家、入宅、安床等，只要掌握一些訣竅，就能透過農民曆自己挑選好日子與好時辰。

擇日

首先要看「每日沖煞」的生肖與年齡，有沖犯到相關人員的日子都不能選擇。再來看的是每日的宜忌與用事批註。有一些日子是「凡事不取」、「諸吉事不宜」，這在用事批註的欄位上面，都會清楚標示，在擇日的時候先避開。

接下來針對要進行的事項來挑選，在用事批註這一欄裡頭，會標註每天可以進行的事項，這個部分可以參照前面的名詞解釋，找到自己要做的事項，再回來挑選適合從事這些事項的日子。

有時在擇日的時候也會參照「十二植位」。十二植位代表十二個吉凶神，每日的植神不同，宜忌也不同，十二植位中，最常用到的像是取下制煞物品時，就會挑選「除日」，此外如果是「破日」、「危日」，通常代表諸事不宜。

擇時

選好適合的日子之後，接下來要挑選適合的時間。民間認為每一個時辰都有吉凶神在輪值，因此就算是好日子，也不一定每個時辰都適合，最好能選擇吉神輪值的時間來進行。

每個時辰的吉凶神，主要是根據不同的干支來循環。讀者可以先找出這一天的干支為何，再來對照每日時局表，就可以看到該日的每個時辰吉凶神輪值的情形，再挑選吉神輪值的時辰即可。

吉神
金匱、大進、羅紋、交貴、六合、喜神、日祿、天赦、玉堂、少微、三合、進貴、貴人、右弼、天官、明堂、國印、長生、福星、天德、青龍、功曹、寶光、生旺、武曲、唐符、進祿、太陽、帝旺、福德、祿貴、交馳、貪狼、左輔、傳送、合格、鳳輦、太陰、金星、紫微、黃道、明輔、水星、司命、天地、會合、天賦、合局、逢印、臨官、財局、六甲、趨乾、合貴、同類、相資、六壬、趨艮、六申、元祿、馬元、地福、扶元、幹合、右彈、六進、進馬

凶神
日建、天兵、天牢、六戊、元武、大退、日沖、大凶、不遇、勾陳、天賊、路空、天刑、旬空、朱雀、白虎、地兵、日破、比肩、狗食、玄武、日刑、日馬、勿用、雷兵、建刑、日煞、五鬼、天武、天退、日武、日害、進虛、胞胎

巳	辰	卯	寅	丑	子	時／日
進貴 元武 大退	三合 天牢 六戊	天赦 玉堂 少微	喜神 日祿 天兵	羅紋 交貴 六合	金匱 大進 日建	甲子
三合 玉堂 不遇	進貴 白虎 地兵	大進 天德 日祿	進貴 金匱 六戊	福星 天赦 朱雀	六合 貴人 天兵	乙丑
日祿 寶光 路空	金匱 不遇 路空	進貴 功曹 朱雀	長生 天刑 地兵	明堂 右弼 狗食	天官 青龍 六戊	丙寅
進祿 朱雀 日馬	不遇 天刑 武曲	明堂 進貴 路空	青龍 大退 路空	唐符 武曲 勾陳	司命 日刑 地兵	丁卯
明堂 天赦 日祿	喜神 青龍 天兵	天官 太陽 勾陳	長生 司命 不遇	貴人 元武 路空	三合 大進 路空	戊辰
帝旺 勾陳 大退	司命 雷兵 六戊	天赦 天兵 元武	喜神 天官 天兵	三合 玉堂 不遇	大進 貴人 白虎	己巳
長生 進貴 元武	武曲 天牢 地兵	玉堂 大進 天賊	三合 生旺 六戊	祿貴 交馳 天德	日沖 大凶 不遇	庚午
福星 玉堂 路空	唐符 白虎 路空	三合 寶光 天德	羅紋 交貴 地兵	日破 大凶 朱雀	長生 進貴 六戊	辛未
羅紋 交貴 天德	三合 金匱 福星	貴人 朱雀 路空	日沖 大凶 路空	天官 明堂 左輔	三合 青龍 地兵	壬申
三合 羅紋 交貴	六合 喜神 天兵	日沖 大凶 勿用	青龍 功曹 天賊	三合 勾陳 路空	日祿 大進 路空	癸酉
明堂 傳送 大退	日破 大凶 六戊	六合 天赦 帝旺	喜神 日祿 天兵	貴人 日刑 元武	大進 福德 天牢	甲戌
日沖 大凶 勾陳	司命 功曹 地兵	三合 大進 日祿	六合 天牢 六戊	玉堂 福星 天赦	喜神 貴人 天兵	乙亥
日祿 進祿 路空	三合 不遇 路空	玉堂 少微 日刑	長生 日馬 地兵	六合 寶光 進貴	福星 金匱 六戊	丙子
三合 玉堂 帝旺	進貴 日煞 白虎	天德 寶光 路空	金匱 大退 路空	唐符 朱雀 日建	六合 進貴 地兵	丁丑
日祿 天赦 寶光	喜神 金匱 天兵	天官 貪狼 朱雀	長生 進祿 天刑	明堂 貴人 路空	大進 青龍 路空	戊寅

己亥年每日時局表

亥	戌	酉	申	未	午	時/日
朱進長 雀貴生	旬天國 空刑印	路明天 空堂官	路天三 空賊合	勾右貴 陳弼人	不大日 遇凶沖	甲子
天明福 赦堂星	天青喜 兵龍神	勾比三 陳肩合	大交羅 退貴紋	路大日 空凶破	路天長 空牢生	乙丑
勾貴六 陳人合	六司三 戊命合	玄貴天 武人赦	天大日 牢凶沖	武少玉 曲微堂	大生三 進旺合	丙寅
元貴三 武人合	地天六 兵牢合	勿大日 用凶沖	六白功 戊虎曹	天寶三 赦光合	天日喜 兵祿神	丁卯
旬路玉 空空堂	路大日 空凶破	天寶六 德光合	地金三 兵匱合	朱貴右 雀人弼	六天雷 戊刑兵	戊辰
不大日 遇凶沖	旬福金 空德匱	路長三 空生合	路交羅 空貴紋	武福明 曲星堂	地日青 兵祿龍	己巳
朱進天 雀祿赦	喜天三 神兵合	貪帝明 狼旺堂	日日青 馬祿龍	路貴六 空人合	路福司 空星命	庚午
旬明三 空堂合	雷六青 兵戊龍	不日天 遇祿赦	天司喜 兵命神	元日右 武建弼	貴大六 人進合	辛未
勾少日 陳微祿	地進司 兵祿命	元進大 武貴進	六雷長 戊兵生	少天玉 微赦堂	天白喜 兵虎神	壬申
路元帝 空武旺	路天天 空牢官	建進玉 刑祿堂	地白狗 兵虎食	不寶天 遇光德	六雷金 戊兵匱	癸酉
功玉長 曹堂生	日白武 建虎曲	路寶天 空光官	路天金 空賊匱	朱日貴 雀刑人	地不三 兵遇合	甲戌
寶天福 光赦星	天金喜 兵匱神	比朱太 肩雀陽	天大貴 賊退人	路明三 空堂合	路青長 空龍生	乙亥
朱交羅 雀貴紋	六天福 戊刑星	天貴明 赦人堂	喜青三 神龍合	日勾進 煞陳貴	勿大日 用凶沖	丙子
貴天明 人官堂	地進青 兵貴龍	福大三 星進合	六進司 戊貴命	元大日 武凶破	天日喜 兵祿神	丁丑
路會天 空合地	路司三 空命合	元天進 武賊虛	天貴日 牢人沖	少貴玉 微人堂	六帝三 戊旺合	戊寅

巳	辰	卯	寅	丑	子	時／日
日馬 朱雀 大退	雷兵 天刑 六戊	天赦 明堂 日建	喜神 青龍 天兵	武曲 勾陳 不遇	大進 貴人 司命	己卯
長生 明堂 功曹	青龍 日建 地兵	大進 胞胎 逢印	司命 日馬 六戊	天赦 貴人 元武	三合 喜神 天兵	庚辰
進貴 福星 路空	司命 進貴 路空	貪狼 天賊 元武	貴人 天牢 地兵	三合 玉堂 少微	長生 白虎 六戊	辛巳
貴人 長生 元武	福星 武曲 天牢	玉堂 貴人 路空	三合 臨官 路空	進貴 寶光 日煞	日沖 大凶 地兵	壬午
玉堂 貴人 大退	天官 喜神 天兵	三合 寶光 貴人	金匱 福星 進貴	日破 大凶 路空	大進 日祿 路空	癸未
天地 合格 寶光	三合 財局 六戊	天赦 帝旺 傳送	日沖 大凶 朱雀	羅紋 交貴 明堂	大進 青龍 路空	甲申
三合 朱雀 不遇	天地 會合 地兵	日沖 大凶 五鬼	青龍 雷兵 六戊	三合 進貴 福星	羅紋 交貴 天兵	乙酉
明堂 日祿 路空	日破 大凶 路空	天地 合局 勾陳	三合 司命 地兵	太陰 元武 日刑	天官 福星 六戊	丙戌
日沖 大凶 勾陳	司命 功曹 右弼	三合 元武 路空	天地 會合 路空	玉堂 唐符 少微	貪狼 白虎 地兵	丁亥
天赦 日祿 元武	三合 喜神 天兵	玉堂 天官 進貴	長生 日馬 六戊	六合 貴人 路空	大進 金匱 路空	戊子
三合 玉堂 帝旺	進貴 白虎 六戊	天赦 寶光 天德	喜神 金匱 天兵	唐符 不遇 朱雀	大進 羅紋 合貴	己丑
長生 寶光 進貴	金匱 福德 地兵	大進 胞胎 逢印	長生 雷兵 六戊	天赦 貴人 明堂	喜神 青龍 天兵	庚寅
福星 朱雀 路空	進貴 天刑 路空	明堂 同類 相資	青龍 貴人 地兵	武曲 勾陳 太陰	司命 雷兵 六戊	辛卯
明堂 貴人 天賊	福星 青龍 建刑	福星 貴人 路空	司命 臨官 路空	天官 水星 元武	三合 天牢 地兵	壬辰
天赦 貴人 大退	司命 喜神 天兵	長生 福星 貴人	天賊 天牢 日刑	三合 玉堂 路空	大進 日祿 路空	癸巳

己亥年每日時局表

亥	戌	酉	申	未	午	時／日
三合 進祿 不遇	天地 合局 天牢	日沖 大凶 路空	羅紋 交貴 路空	三合 寶光 福星	金匱 日祿 地兵	己卯
天赦 玉堂 傳送	日破 大凶 白虎	天地 會合 寶光	三合 日祿 金匱	貴人 朱雀 路空	福星 天官 路空	庚辰
日沖 大凶 勿用	金匱 雷兵 六戊	三合 日祿 天赦	六合 喜神 天兵	明堂 武曲 明輔	大進 貴人 青龍	辛巳
祿貴 交馳 朱雀	三合 天刑 地兵	大進 明堂 進祿	青龍 日馬 六戊	天地 會合 天赦	喜神 司命 天兵	壬午
三合 明堂 路空	天官 青龍 路空	五鬼 勾陳 旬空	司命 進貴 地兵	唐符 不遇 元武	六合 進貴 六戊	癸未
六甲 趨乾 進貴	司命 鳳輦 國印	天官 元武 路空	長生 天賊 路空	玉堂 貴人 狗食	進祿 不遇 地兵	甲申
福星 天赦 元武	喜神 進貴 天兵	玉堂 少微 建刑	天官 貴人 白虎	天德 寶光 路空	金匱 長生 路空	乙酉
玉堂 貴人 大退	福星 武曲 六戊	寶光 貴人 天赦	喜神 金匱 天兵	少微 朱雀 日刑	三合 大進 帝旺	丙戌
天官 寶光 貴人	金匱 福德 地兵	大進 貴人 福星	雷兵 天刑 六戊	三合 天赦 明堂	祿貴 交馳 天兵	丁亥
少微 朱雀 路空	右弼 天刑 路空	明堂 貪狼 天賊	三合 青龍 地兵	羅紋 交貴 勾陳	日沖 大凶 六戊	戊子
明堂 日馬 不遇	青龍 進貴 日刑	三合 長生 路空	司命 貴人 路空	日破 大凶 旬空	祿貴 交馳 地兵	己丑
六合 天赦 勾陳	喜神 司命 天兵	金星 帝旺 天武	日沖 大凶 天牢	玉堂 貴人 路空	三合 福星 路空	庚寅
三合 元武 大退	六合 天牢 六戊	日沖 大凶 不遇	喜神 白虎 天兵	三合 財局 寶光	大進 貴人 金匱	辛卯
玉堂 日祿 少微	日破 大凶 白虎	六合 大進 寶光	三合 長生 六戊	天官 天赦 朱雀	唐符 喜神 天兵	壬辰
日沖 大凶 路空	天官 金匱 路空	三合 朱雀 五鬼	六合 長生 地兵	明堂 唐符 不遇	青龍 進祿 六戊	癸巳

己亥年每日時局表

巳	辰	卯	寅	丑	子	時／日
進祿 大退 狗食	雷兵 天牢 六戊	玉堂 天赦 帝旺	喜神 司命 天兵	天德 寶光 貴人	日沖 大凶 勿用	甲午
日馬 玉堂 不遇	進貴 白虎 地兵	三合 大進 日祿	金匱 進貴 六戊	日破 大凶 朱雀	喜神 貴人 天兵	乙未
寶光 日祿 路空	三合 金匱 路空	紫微 貪狼 朱雀	日沖 大凶 天刑	明堂 進貴 右弼	福星 青龍 六戊	丙申
三合 生旺 朱雀	六合 武曲 天刑	日沖 大凶 路空	青龍 大退 路空	三合 進祿 勾陳	司命 鳳輦 地兵	丁酉
明堂 日祿 天赦	日破 大凶 旬空	天官 六合 勾陳	三合 司命 不遇	貴人 元武 路空	大進 天牢 路空	戊戌
日沖 大凶 旬空	司命 雷兵 六戊	三合 進貴 天赦	喜神 進貴 天兵	玉堂 少微 不遇	大進 貴人 白虎	己亥
長生 太陰 元武	三合 天牢 地兵	大進 玉堂 進貴	日馬 白虎 六戊	天赦 貴人 寶光	金匱 天兵 喜神	庚子
三合 福星 路空	唐符 路空 白虎	天德 寶光 比肩	羅紋 交貴 地兵	太陰 日建 朱雀	長生 進貴 六戊	辛丑
天德 寶光 貴人	金匱 福星 進祿	貴人 朱雀 路空	六壬 趨艮 路空	明堂 天官 進貴	青龍 貪狼 地兵	壬寅
天赦 貴人 大退	喜神 武曲 天兵	祿貴 交馳 明堂	青龍 左輔 狗食	進貴 勾陳 路空	大進 進祿 路空	癸卯
明堂 五鬼 大退	青龍 雷兵 六戊	天赦 帝旺 勾陳	福星 日祿 天兵	貴人 太陰 元武	三合 大進 天牢	甲辰
少微 左輔 勾陳	司命 狗食 地兵	元祿 大進 日武	進祿 雷兵 六戊	三合 天赦 玉堂	祿貴 交馳 天兵	乙巳
日祿 金星 路空	武曲 不遇 路空	玉堂 進貴 少微	三合 長生 地兵	寶光 天德 進祿	日沖 大凶 六戊	丙午
日馬 帝旺 玉堂	進貴 不遇 白虎	三合 寶光 路空	金匱 臨官 路空	日破 大凶 朱雀	進貴 天刑 地兵	丁未
六合 日祿 寶光	喜神 金匱 天兵	天官 進貴 朱雀	日沖 大凶 天刑	明堂 貴人 路空	大進 青龍 路空	戊申

己亥年每日時局表

亥	戌	酉	申	未	午	時／日
長生 左輔 朱雀	三合 右弼 天刑	天官 明堂 路空	青龍 日馬 路空	羅紋 交貴 勾陳	司命 不遇 地兵	甲午
三合 明堂 福星	喜神 青龍 天兵	太陽 比肩 勾陳	羅紋 交貴 司命	右弼 元武 路空	六合 長生 路空	乙未
羅紋 交貴 天退	司命 福星 六戊	天赦 貴人 元武	喜神 天兵 天牢	玉堂 進貴 狗食	大進 武曲 白虎	丙申
天官 貴人 元武	右弼 天牢 地兵	大進 玉堂 福星	雷兵 白虎 六戊	天赦 進貴 寶光	喜神 祿貴 天兵	丁酉
玉堂 少微 路空	武曲 白虎 路空	天德 寶光 天賊	金匱 福星 地兵	貴人 右弼 朱雀	三合 帝旺 六戊	戊戌
天德 寶光 建刑	金匱 福德 狗食	長生 朱雀 路空	祿貴 交馳 路空	三合 明堂 福星	青龍 日祿 地兵	己亥
天赦 左輔 朱雀	喜神 不遇 天兵	明堂 帝旺 進貴	三合 日祿 青龍	貴人 進祿 路空	日沖 大凶 路空	庚子
明堂 日馬 大退	青龍 六戊 雷兵	三合 天赦 日祿	喜神 司命 天兵	日破 大凶 玄武	羅紋 交貴 大進	辛丑
祿貴 交馳 六合	三合 司命 地兵	大進 傳送 天武	日沖 大凶 勿用	玉堂 天官 天赦	喜神 三合 天兵	壬寅
三合 生旺 路空	六合 進貴 路空	日沖 大凶 五鬼	國印 白虎 地兵	三合 寶光 天德	金匱 雷兵 六戊	癸卯
六申 趨乾 玉堂	日破 大凶 白虎	六合 寶光 路空	三合 金匱 路空	天官 貴人 朱雀	貪狼 天刑 地兵	甲辰
日沖 大凶 勿用	喜神 金匱 天兵	三合 太陽 朱雀	六合 貴人 天賊	明堂 進貴 路空	青龍 長生 路空	乙巳
祿貴 交馳 朱雀	三合 福星 六戊	明堂 貴人 天赦	喜神 青龍 天兵	六合 長生 勾陳	大進 司命 帝旺	丙午
三合 明堂 貴人	青龍 進貴 地兵	大進 貴人 福星	司命 進貴 六戊	同類 相資 元武	喜神 日祿 天兵	丁未
少微 勾陳 路空	司命 鳳輦 路空	功曹 元武 五鬼	福星 進祿 地兵	羅紋 交貴 玉堂	帝旺 白虎 六戊	戊申

己亥年每日時局表

巳	辰	卯	寅	丑	子	時／日
三合 生旺 朱雀	六合 雷兵 六戊	日破 大凶 旬空	喜神 青龍 天兵	三合 唐符 不遇	大進 貴人 司命	己酉
長生 明堂 傳送	日破 大凶 地兵	六合 大進 勾陳	三合 司命 六戊	天赦 貴人 元武	喜神 天牢 天兵	庚戌
日破 大凶 路空	司命 進祿 路空	三合 元武 天賊	六合 貴人 天兵	玉堂 少微 五鬼	長生 白虎 六戊	辛亥
羅紋 交貴 天賊	三合 福星 武曲	祿貴 交馳 路空	趨艮 白虎 路空	六合 天德 寶光	金匱 福德 地福	壬子
三合 貴人 玉堂	喜神 白虎 天兵	福星 貴人 寶光	金匱 進貴 天賊	同類 相資 路空	大進 日祿 路空	癸丑
寶光 大退 日刑	金匱 雷兵 六戊	天赦 帝旺 朱雀	喜神 日祿 天兵	明堂 貴人 右弼	大進 青龍 進祿	甲寅
日馬 少微 朱雀	武曲 天刑 地兵	大進 日祿 明堂	青龍 雷兵 六戊	天赦 福星 勾陳	司命 貴人 天兵	乙卯
明堂 日祿 路空	青龍 建刑 路空	幹合 勾陳 日害	長生 司命 地兵	國印 元武 旬空	三合 福星 六戊	丙辰
帝旺 左輔 勾陳	司命 傳送 右弼	進貴 元武 路空	進貴 大退 路空	三合 玉堂 少微	貪狼 白虎 地兵	丁巳
日祿 天赦 元武	喜神 武曲 天兵	玉堂 天官 少微	三合 生旺 白虎	寶光 貴人 路空	日破 大凶 路空	戊午
帝旺 玉堂 大退	進貴 白虎 六戊	三合 寶光 天赦	喜神 金匱 天兵	日破 大凶 朱雀	大進 羅紋 交貴	己未
六合 長生 寶光	三合 金匱 地兵	大進 進貴 天賊	日破 大凶 六戊	明堂 貴人 天赦	三合 青龍 天兵	庚申
三合 福星 路空	六合 天刑 路空	日沖 大凶 勿用	青龍 貴人 地兵	三合 武曲 勾陳	司命 長生 六戊	辛酉
明堂 貴人 天賊	日破 大凶 勿用	六合 貴人 路空	三合 司命 路空	天官 水星 元武	帝旺 天牢 地兵	壬戌
日破 大凶 勾陳	喜神 司命 天兵	三合 長生 貴人	六合 臨官 天牢	玉堂 少微 路空	大進 日祿 路空	癸亥

己亥年每日時局表

亥	戌	酉	申	未	午	時／日
馬元 不遇 元武	右弼 太陰 天牢	長生 玉堂 路空	貴人 路空 白虎	福星 寶光 進祿	金匱 日祿 地兵	己酉
玉堂 天赦 少微	喜神 白虎 天兵	天德 寶光 帝旺	金匱 日祿 馬元	貴人 朱雀 路空	福星 天官 路空	庚戌
天德 寶光 大退	金匱 雷兵 六戊	天赦 日祿 進貴	喜神 明堂 天兵	三合 明堂 武曲	大進 貴人 青龍	辛亥
日祿 少微 朱雀	右弼 天刑 地兵	大進 進貴 明堂	三合 青龍 六戊	天赦 天官 勾陳	日破 大囚 天兵	壬子
明堂 日馬 路空	青龍 日刑 路空	三合 扶元 勾陳	司命 進貴 天兵	日破 大囚 玄武	進貴 天牢 六戊	癸丑
六合 長生 勾陳	三合 司命 進祿	天官 唐符 路空	日破 大囚 路空	羅紋 交貴 玉堂	三合 白虎 地兵	甲寅
天赦 三合 福星	喜神 六合 天兵	日沖 大囚 勿用	貴人 白虎 大退	三合 寶光 路空	長生 金匱 路空	乙卯
玉堂 貴人 大退	日破 大囚 六戊	天赦 貴人 寶光	喜神 金匱 天兵	少微 右彈 朱雀	大進 帝旺 天刑	丙辰
日破 大囚 五鬼	金匱 福德 地兵	三合 大進 貴人	六合 進祿 六戊	天赦 明堂 武曲	喜神 日祿 天兵	丁巳
少微 朱雀 路空	三合 財局 路空	明堂 貪狼 進貴	青龍 福星 地兵	祿貴 交馳 勾陳	司命 帝旺 六戊	戊午
三合 明堂 不遇	青龍 進貴 日刑	長生 勾陳 路空	司命 貴人 路空	福星 右弼 元武	祿貴 交馳 地兵	己未
天赦 水星 勾陳	喜神 司命 天兵	帝旺 進貴 元武	日祿 太陽 天牢	玉堂 貴人 路空	福星 天官 路空	庚申
日馬 元武 大退	雷兵 天牢 六戊	祿貴 交馳 天赦	喜神 進貴 天兵	天德 寶光 黃道	大進 貴人 金匱	辛酉
玉堂 日祿 少微	武曲 白虎 地兵	六進 天德 寶光	金匱 日馬 六戊	天官 天赦 朱雀	喜神 三合 天兵	壬戌
寶光 帝旺 路空	金匱 進祿 路空	進馬 朱雀 五鬼	國印 天刑 地兵	三合 明堂 不遇	青龍 雷兵 六戊	癸亥

財喜貴方

如何運用財喜貴方 202

己亥年財喜貴煞方位表 204

如何運用財喜貴方

吉祥方位與煞方，也就是一般說的財喜貴方與煞方。傳統上認為，每個方位每天都有不同的吉凶神輪值。一般來說吉神方位有**財神**、**喜門**、**貴門**、**文昌**、**正財**與**偏財**，而凶神則有**煞方**。

以二〇一九年國曆一月二日這天來說，這天的**財神**在**正北**，**正財**在**正南**。這兩個方位關係到正財的部分，也就是平常正規的收入。所以如果今天正好是關係到加薪，或是談生意的日子，那出門後就可選擇往**正北**或**正南**的方位走路或開車三到五分鐘，就可以承接到財神的財氣。

偏財方關係的是偏財的進帳，像是賺外快或者是買彩券的人，出門時可以先往今天的偏財方走，便大大的增加中獎的機率。

喜門是喜事的方位，想要求婚、提親或者是告白甚至是第一次約會的人，出門前可以先往喜門的方位走，可以增加成功的機率。

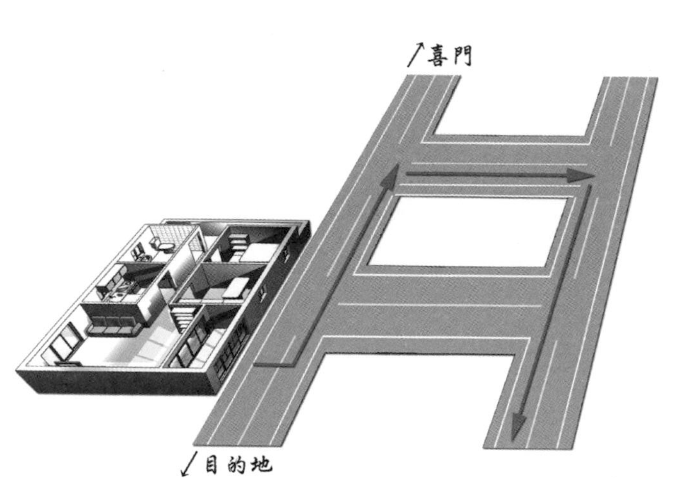

有特定目的時，先往有利之方位移動三到五分鐘，再前往目的地。例如想要告白者，出門後可以先往喜門方向移動，再前往約會場所。

貴門是貴人的方位，希望貴人運強一點的，則可以往貴門的方向走，就可以招來更強的貴人運，避開小人，讓你工作更順利。

文昌關係到考試、讀書等事情，有考試的考生或是工作上要參加升等考試，出門前可以先往今天的文昌方位走，除了能為自己增加一些分數外，也具有穩定自己軍心的作用。

煞方則是當日凶神所在的地方，要盡量避免往該方面活動，以免好事多磨，壞事折磨，如果無可避免的要往那個方位走，那麼出門前不妨多繞一點路，先往其他的好方位走，再轉往目的地，以避免沾染不好的氣場。

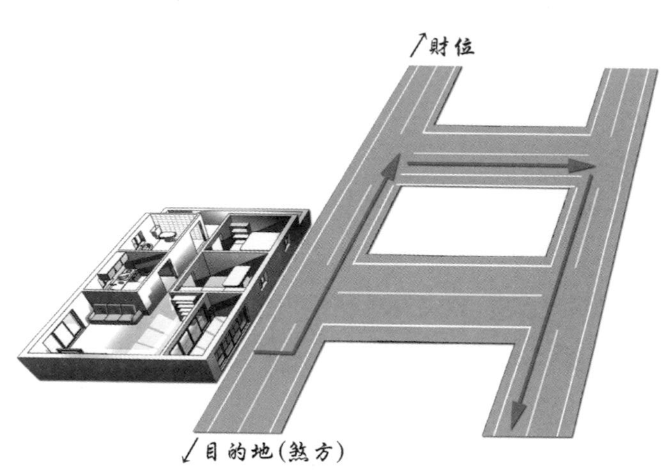

目的地為煞方時，先往有利之方位移動三到五分鐘，再前往目的地。例如目的地為煞方，出門後可先往財位方向移動，再前往原目的地。

己亥年財喜貴煞方位表

煞方	偏財	正財	文昌	貴門	喜門	財神	支干	農曆十二月	二〇一九國曆一月
正北	正北	東南	西南	東北	東南	正北	戊戌	**廿六**	1
正西	正北	正南	正西	西南	東北	正北	己亥	**廿七**	2
正南	正東	西南	西北	東北	西北	正東	庚子	**廿八**	3
正東	正東	正西	正北	東北	西南	正東	辛丑	**廿九**	4
正北	正南	西北	東北	正東	正南	正南	壬寅	**三十**	5
正西	正南	正北	正東	正東	東南	正南	癸卯	**十二月**	6
正南	中央	東北	東南	西南	東北	東南	甲辰	**初二**	7
正東	中央	正東	正南	正北	西北	東南	乙巳	**初三**	8
正北	正西	東南	西南	西北	西南	正西	丙午	**初四**	9
正西	正西	正南	正西	西北	正南	正西	丁未	**初五**	10
正南	正南	東南	西南	西南	東南	正北	戊申	**初六**	11
正東	正北	正南	正西	西南	東北	正北	己酉	**初七**	12
正北	正東	西南	西北	西南	西北	正東	庚戌	**初八**	13
正西	正東	正西	正北	正南	西南	正東	辛亥	**初九**	14
正南	正南	西北	東北	正東	正南	正南	壬子	**初十**	15

己亥年財喜貴煞方位表

煞方	偏財	正財	文昌	貴門	喜門	財神	支干	農曆十二月	二〇一九國曆一月
正東	正南	正北	正東	正東	東南	正南	癸丑	十一	16
正北	中央	東北	東南	東北	東北	東南	甲寅	十二	17
正西	中央	正東	正南	西南	西北	東南	乙卯	十三	18
正南	正西	東南	西南	正西	西南	正西	丙辰	十四	19
正東	正西	正南	正西	正西	正南	正西	丁巳	十五	20
正北	正北	東南	西南	西南	東南	正北	戊午	十六	21
正西	正北	正南	正西	西南	東北	正北	己未	十七	22
正南	正東	西南	西北	西南	西北	正東	庚申	十八	23
正東	正東	正西	正北	東北	西南	正東	辛酉	十九	24
正北	正南	西北	東北	正東	正南	正南	壬戌	二十	25
正西	正南	正北	正東	正東	東南	正南	癸亥	廿一	26
正南	中央	東北	東南	東北	東北	東南	甲子	廿二	27
正東	中央	正東	正南	正北	西北	東南	乙丑	廿三	28
正北	正西	東南	西南	正西	西南	正西	丙寅	廿四	29
正西	正西	正南	正西	西北	正南	正西	丁卯	廿五	30
正南	正北	東南	正北	東北	東南	正北	戊辰	廿六	31

己亥年財喜貴煞方位表

二〇一九國曆二月	農曆正月	支干	財神	喜門	貴門	文昌	正財	偏財	煞方
1	廿七	己巳	正北	東北	西南	正西	正南	正北	正東
2	廿八	庚午	正東	西北	西南	西北	西南	正東	正北
3	廿九	辛未	正東	西南	正南	正北	正西	正東	正西
4	三十	壬申	正南	正南	正東	東北	西北	正南	正南
5	正月	癸酉	正南	東南	東南	正東	正北	正南	正東
6	初二	甲戌	東南	東北	東北	東南	東北	中央	正北
7	初三	乙亥	東南	西北	西南	正南	正東	中央	正西
8	初四	丙子	正西	西南	正西	西南	東南	正西	正南
9	初五	丁丑	正西	正南	西北	正西	正南	正西	正東
10	初六	戊寅	正北	東南	東北	西南	東南	正北	正北
11	初七	己卯	正北	東北	西南	正西	正南	正北	正西
12	初八	庚辰	正東	西北	東北	西北	西南	正東	正南
13	初九	辛巳	正東	西南	東北	正北	西南	正東	正東
14	初十	壬午	正南	正南	正東	東北	西北	正南	正北
15	十一	癸未	正南	東南	正東	正東	正北	正南	正西

己亥年財喜貴煞方位表

煞方	偏財	正財	文昌	貴門	喜門	財神	支干	農曆正月	二〇一九國曆二月
正南	中央	東北	東南	西南	東北	東南	甲申	十二	16
正東	中央	正東	正南	西南	西北	東南	乙酉	十三	17
正北	正西	東南	西南	正西	西南	正西	丙戌	十四	18
正西	正西	正南	正西	正西	正南	正西	丁亥	十五	19
正南	正東	西南	西北	東北	東南	正北	戊子	十六	20
正東	正東	正西	正北	正北	東北	正北	己丑	十七	21
正北	正南	西北	東北	東北	西北	正東	庚寅	十八	22
正西	正南	正北	正東	東北	西南	正東	辛卯	十九	23
正南	中央	東北	東南	正東	正南	正南	壬辰	二十	24
正東	中央	正東	正南	東南	東南	正南	癸巳	廿一	25
正北	正西	東南	西南	西南	東北	東南	甲午	廿二	26
正西	中央	正東	正南	西南	西北	東南	乙未	廿三	27
正南	正西	東南	西南	正西	西南	正西	丙申	廿四	28

己亥年財喜貴煞方位表

二〇一九國曆三月	農曆二月	支干	財神	喜門	貴門	文昌	正財	偏財	煞方
1	廿五	丁酉	正西	正南	西北	正西	正南	正西	正東
2	廿六	戊戌	正北	東南	東北	西南	東南	正北	正北
3	廿七	己亥	正北	東北	西南	正西	正南	正北	正西
4	廿八	庚子	正東	西北	東北	西北	西南	正東	正南
5	廿九	辛丑	正東	西南	東北	正北	正西	正東	正東
6	三十	壬寅	正南	正南	正東	東北	西北	正南	正北
7	二月	癸卯	正南	東南	正東	正東	正北	正南	正西
8	初二	甲辰	東南	東北	西南	東南	東北	中央	正南
9	初三	乙巳	東南	西北	正北	正南	正東	中央	正東
10	初四	丙午	正西	西南	西北	西南	東南	正西	正北
11	初五	丁未	正西	正南	西北	正西	正南	正西	正西
12	初六	戊申	正北	東南	西南	西南	東南	正南	正南
13	初七	己酉	正北	東北	西南	正西	正南	正北	正東
14	初八	庚戌	正東	西北	西南	西北	西南	正東	正北
15	初九	辛亥	正東	西南	正南	正北	正西	正東	正西

己亥年財喜貴煞方位表

二〇一九國曆三月	農曆二月	支干	財神	喜門	貴門	文昌	正財	偏財	煞方
16	初十	壬子	正南	正南	正東	東北	西北	正南	正南
17	十一	癸丑	正南	東南	正東	正東	正北	正南	正東
18	十二	甲寅	東南	東北	東北	東南	東北	中央	正北
19	十三	乙卯	東南	西北	西南	正南	正東	中央	正西
20	十四	丙辰	正西	西南	正西	西南	東南	正西	正南
21	十五	丁巳	正西	正南	正西	正西	正南	正西	正東
22	十六	戊午	正北	東南	西南	西南	東南	正北	正北
23	十七	己未	正北	東北	西南	正西	正南	正北	正西
24	十八	庚申	正東	西北	西南	西北	西南	正東	正南
25	十九	辛酉	正東	西南	東北	正北	正西	正東	正東
26	二十	壬戌	正南	正南	正東	東北	西北	正南	正北
27	廿一	癸亥	正南	東南	正東	正東	正北	正南	正西
28	廿二	甲子	東南	東北	東北	東南	東北	中央	正南
29	廿三	乙丑	東南	西北	正北	正南	正東	中央	正東
30	廿四	丙寅	正西	西南	正西	西南	東南	正西	正北
31	廿五	丁卯	正西	正南	西北	正西	正南	正西	正西

己亥年財喜貴煞方位表

二〇一九國曆四月	農曆三月	支干	財神	喜門	貴門	文昌	正財	偏財	煞方
1	廿六	戊辰	正北	東南	東北	正北	東南	正北	正南
2	廿七	己巳	正北	東北	西南	正西	正南	正北	正東
3	廿八	庚午	正東	西北	西南	西北	西南	正東	正北
4	廿九	辛未	正東	西南	正南	正北	正西	正東	正西
5	三月	壬申	正南	正南	正東	東北	西北	正南	正南
6	初二	癸酉	正南	東南	東南	正東	正北	正南	正東
7	初三	甲戌	東南	東北	東北	東南	東北	中央	正北
8	初四	乙亥	東南	西北	西南	正南	正東	中央	正西
9	初五	丙子	正西	西南	正西	西南	東南	正西	正南
10	初六	丁丑	正西	正南	西北	正西	正南	正西	正東
11	初七	戊寅	正北	東南	東北	西南	東南	正北	正北
12	初八	己卯	正北	東北	西南	正西	正南	正北	正西
13	初九	庚辰	正東	西北	東北	西北	西南	正東	正南
14	初十	辛巳	正東	西南	東北	正北	西南	正東	正東
15	十一	壬午	正南	正南	正東	東北	西北	正南	正北

己亥年財喜貴煞方位表

煞方	偏財	正財	文昌	貴門	喜門	財神	支干	農曆三月	二〇一九國曆四月
正西	正南	正北	正東	正東	東南	正南	癸未	十二	16
正南	中央	東北	東南	西南	東北	東南	甲申	十三	17
正東	中央	正東	正南	西南	西北	東南	乙酉	十四	18
正北	正西	東南	西南	正西	西南	正西	丙戌	十五	19
正西	正西	正南	正西	正西	正南	正西	丁亥	十六	20
正南	正東	西南	西北	東北	東南	正北	戊子	十七	21
正東	正東	正西	正北	正北	東北	正北	己丑	十八	22
正北	正南	西北	東北	東北	西北	正東	庚寅	十九	23
正西	正南	正北	正東	東北	西南	正東	辛卯	二十	24
正南	中央	東北	東南	正東	正南	正南	壬辰	廿一	25
正東	中央	正東	正南	東南	東南	正南	癸巳	廿二	26
正北	正西	東南	西南	西南	東北	東南	甲午	廿三	27
正西	中央	正東	正南	西南	西北	東南	乙未	廿四	28
正南	正西	東南	西南	正西	西南	正西	丙申	廿五	29
正東	正西	正南	正西	西北	正南	正西	丁酉	廿六	30

二〇一九國曆五月	農曆四月	支干	財神	喜門	貴門	文昌	正財	偏財	煞方
1	廿七	戊戌	正北	東南	東北	西南	東南	正北	正北
2	廿八	己亥	正北	東北	西南	正西	正南	正北	正西
3	廿九	庚子	正東	西北	東北	西北	西南	正東	正南
4	三十	辛丑	正東	西南	東北	正北	正西	正東	正東
5	四月	壬寅	正南	正南	正東	東北	西北	正南	正北
6	初二	癸卯	正南	東南	正東	正東	正北	正南	正西
7	初三	甲辰	東南	東北	西南	東南	東北	中央	正南
8	初四	乙巳	東南	西北	正北	正南	正東	中央	正東
9	初五	丙午	正西	西南	西北	西南	東南	正西	正北
10	初六	丁未	正西	正南	西北	正西	正南	正西	正西
11	初七	戊申	正北	東南	西南	西南	東南	正南	正南
12	初八	己酉	正北	東北	西南	正西	正南	正北	正東
13	初九	庚戌	正東	西北	西南	西北	西南	正東	正北
14	初十	辛亥	正東	西南	正南	正北	正西	正東	正西
15	十一	壬子	正南	正南	正東	東北	西北	正南	正南

己亥年財喜貴煞方位表

煞方	偏財	正財	文昌	貴門	喜門	財神	支干	農曆四月	國曆二〇一九五月
正東	正南	正北	正東	正東	東南	正南	癸丑	十二	16
正北	中央	東北	東南	東北	東北	東南	甲寅	十三	17
正西	中央	正東	正南	西南	西北	東南	乙卯	十四	18
正南	正西	東南	西南	正西	西南	正西	丙辰	十五	19
正東	正西	正南	正西	正西	正南	正西	丁巳	十六	20
正北	正北	東南	西南	西南	東南	正北	戊午	十七	21
正西	正北	正南	正西	西南	東北	正北	己未	十八	22
正南	正東	西南	西北	西南	西北	正東	庚申	十九	23
正東	正東	正西	正北	東北	西南	正東	辛酉	二十	24
正北	正南	西北	東北	正東	正南	正南	壬戌	廿一	25
正西	正南	正北	正東	正東	東南	正南	癸亥	廿二	26
正南	中央	東北	東南	東北	東北	東南	甲子	廿三	27
正東	中央	正東	正南	正北	西北	東南	乙丑	廿四	28
正北	正西	東南	西南	正西	西南	正西	丙寅	廿五	29
正西	正西	正南	正西	西北	正南	正西	丁卯	廿六	30
正南	正北	東南	正北	東北	東南	正北	戊辰	廿七	31

己亥年財喜貴煞方位表

二〇一九國曆六月	農曆五月	支干	財神	喜門	貴門	文昌	正財	偏財	煞方
1	廿八	己巳	正北	東北	西南	正西	正南	正北	正東
2	廿九	庚午	正東	西北	西南	西北	西南	正東	正北
3	五月	辛未	正東	西南	正南	正北	正西	正東	正西
4	初二	壬申	正南	正南	正東	東北	西北	正南	正南
5	初三	癸酉	正南	東南	東南	正東	正北	正南	正東
6	初四	甲戌	東南	東北	東北	東南	東北	中央	正北
7	初五	乙亥	東南	西北	西南	正南	正東	中央	正西
8	初六	丙子	正西	西南	正西	西南	東南	正西	正南
9	初七	丁丑	正西	正南	西北	正西	正南	正西	正東
10	初八	戊寅	正北	東南	東北	西南	東南	正北	正北
11	初九	己卯	正北	東北	西南	正西	正南	正北	正西
12	初十	庚辰	正東	西北	東北	西北	西南	正東	正南
13	十一	辛巳	正東	西南	東北	正北	西南	正東	正東
14	十二	壬午	正南	正南	正東	東北	西北	正南	正北
15	十三	癸未	正南	東南	正東	正東	正北	正南	正西

己亥年財喜貴煞方位表

二〇一九國曆六月	農曆五月	支干	財神	喜門	貴門	文昌	正財	偏財	煞方
16	十四	甲申	東南	東北	西南	東南	東北	中央	正南
17	十五	乙酉	東南	西北	西南	正南	正東	中央	正東
18	十六	丙戌	正西	西南	正西	西南	東南	正西	正北
19	十七	丁亥	正西	正南	正西	正西	正南	正西	正西
20	十八	戊子	正北	東南	東北	西北	西南	正東	正南
21	十九	己丑	正北	東北	正北	正北	正西	正東	正東
22	二十	庚寅	正東	西北	東北	東北	西北	正南	正北
23	廿一	辛卯	正東	西南	東北	正東	正北	正南	正西
24	廿二	壬辰	正南	正南	正東	東南	東北	中央	正南
25	廿三	癸巳	正南	東南	東南	正南	正東	中央	正東
26	廿四	甲午	東南	東北	西南	西南	東南	正西	正北
27	廿五	乙未	東南	西北	西南	正南	正東	中央	正西
28	廿六	丙申	正西	西南	正西	西南	東南	正西	正南
29	廿七	丁酉	正西	正南	西北	正西	正南	正西	正東
30	廿八	戊戌	正北	東南	東北	西南	東南	正北	正北

己亥年財喜貴煞方位表

二〇一九國曆七月	農曆六月	支干	財神	喜門	貴門	文昌	正財	偏財	煞方
1	廿九	己亥	正北	東北	西南	正西	正南	正北	正西
2	三十	庚子	正東	西北	東北	西北	西南	正東	正南
3	六月	辛丑	正東	西南	東北	正北	正西	正東	正東
4	初二	壬寅	正南	正南	正東	東北	西北	正南	正北
5	初三	癸卯	正南	東南	正東	正東	正北	正南	正西
6	初四	甲辰	東南	東北	西南	東南	東北	中央	正南
7	初五	乙巳	東南	西北	正北	正南	正東	中央	正東
8	初六	丙午	正西	西南	西北	西南	東南	正西	正北
9	初七	丁未	正西	正南	西北	正西	正南	正西	正西
10	初八	戊申	正北	東南	西南	西南	東南	正南	正南
11	初九	己酉	正北	東北	西南	正西	正南	正北	正東
12	初十	庚戌	正東	西北	西南	西北	西南	正東	正北
13	十一	辛亥	正東	西南	正南	正北	正西	正東	正西
14	十二	壬子	正南	正南	正東	東北	西北	正南	正南
15	十三	癸丑	正南	東南	正東	正東	正北	正南	正東

己亥年財喜貴煞方位表

二〇一九國曆七月	農曆六月	支干	財神	喜門	貴門	文昌	正財	偏財	煞方
16	十四	甲寅	東南	東北	東北	東南	東北	中央	正北
17	十五	乙卯	東南	西北	西南	正南	正東	中央	正西
18	十六	丙辰	正西	西南	正西	西南	東南	正西	正南
19	十七	丁巳	正西	正南	正西	正西	正南	正西	正東
20	十八	戊午	正北	東南	西南	西南	東南	正北	正北
21	十九	己未	正北	東北	西南	正西	正南	正北	正西
22	二十	庚申	正東	西北	西南	西北	西南	正東	正南
23	廿一	辛酉	正東	西南	東北	正北	正西	正東	正東
24	廿二	壬戌	正南	正南	正東	東北	西北	正南	正北
25	廿三	癸亥	正南	東南	正東	正東	正北	正南	正西
26	廿四	甲子	東南	東北	東北	東南	東北	中央	正南
27	廿五	乙丑	東南	西北	正北	正南	正東	中央	正東
28	廿六	丙寅	正西	西南	正西	西南	東南	正西	正北
29	廿七	丁卯	正西	正南	西北	正西	正南	正西	正西
30	廿八	戊辰	正北	東南	東北	正北	東南	正北	正南
31	廿九	己巳	正北	東北	西南	正西	正南	正北	正東

己亥年財喜貴煞方位表

煞方	偏財	正財	文昌	貴門	喜門	財神	支干	農曆七月	二〇一九國曆八月
正北	正東	西南	西北	西南	西北	正東	庚午	**七月**	1
正西	正東	正西	正北	正南	西南	正東	辛未	**初二**	2
正南	正南	西北	東北	正東	正南	正南	壬申	**初三**	3
正東	正南	正北	正東	東南	東南	正南	癸酉	**初四**	4
正北	中央	東北	東南	東北	東北	東南	甲戌	**初五**	5
正西	中央	正東	正南	西南	西北	東南	乙亥	**初六**	6
正南	正西	東南	西南	正西	西南	正西	丙子	**初七**	7
正東	正西	正南	正西	西北	正南	正西	丁丑	**初八**	8
正北	正北	東南	西南	東北	東南	正北	戊寅	**初九**	9
正西	正北	正南	正西	西南	東北	正北	己卯	**初十**	10
正南	正東	西南	西北	東北	西北	正東	庚辰	**十一**	11
正東	正東	西南	正北	東北	西南	正東	辛巳	**十二**	12
正北	正南	西北	東北	正東	正南	正南	壬午	**十三**	13
正西	正南	正北	正東	正東	東南	正南	癸未	**十四**	14
正南	中央	東北	東南	西南	東北	東南	甲申	**十五**	15

己亥年財喜貴煞方位表

二〇一九國曆八月	農曆七月	支干	財神	喜門	貴門	文昌	正財	偏財	煞方
16	十六	乙酉	東南	西北	西南	正南	正東	中央	正東
17	十七	丙戌	正西	西南	正西	西南	東南	正西	正北
18	十八	丁亥	正西	正南	正西	正西	正南	正西	正西
19	十九	戊子	正北	東南	東北	西北	西南	正東	正南
20	二十	己丑	正北	東北	正北	正北	正西	正東	正東
21	廿一	庚寅	正東	西北	東北	東北	西北	正南	正北
22	廿二	辛卯	正東	西南	東北	正東	正北	正南	正西
23	廿三	壬辰	正南	正南	正東	東南	東北	中央	正南
24	廿四	癸巳	正南	東南	東南	正南	正東	中央	正東
25	廿五	甲午	東南	東北	西南	西南	東南	正西	正北
26	廿六	乙未	東南	西北	西南	正南	正東	中央	正西
27	廿七	丙申	正西	西南	正西	西南	東南	正西	正南
28	廿八	丁酉	正西	正南	西北	正西	正南	正西	正東
29	廿九	戊戌	正北	東南	東北	西南	東南	正北	正北
30	八月	己亥	正北	東北	西南	正西	正南	正北	正西
31	初二	庚子	正東	西北	東北	西北	西南	正東	正南

己亥年財喜貴煞方位表

二〇一九 國曆九月	農曆八月	支干	財神	喜門	貴門	文昌	正財	偏財	煞方
1	初三	辛丑	正東	西南	東北	正北	正西	正東	正東
2	初四	壬寅	正南	正南	正東	東北	西北	正南	正北
3	初五	癸卯	正南	東南	正東	正東	正北	正南	正西
4	初六	甲辰	東南	東北	西南	東南	東北	中央	正南
5	初七	乙巳	東南	西北	正北	正南	正東	中央	正東
6	初八	丙午	正西	西南	西北	西南	東南	正西	正北
7	初九	丁未	正西	正南	西北	正西	正南	正西	正西
8	初十	戊申	正北	東南	西南	西南	東南	正南	正南
9	十一	己酉	正北	東北	西南	正西	正南	正北	正東
10	十二	庚戌	正東	西北	西南	西北	西南	正東	正北
11	十三	辛亥	正東	西南	正南	正北	正西	正東	正西
12	十四	壬子	正南	正南	正東	東北	西北	正南	正南
13	十五	癸丑	正南	東南	正東	正東	正北	正南	正東
14	十六	甲寅	東南	東北	東北	東南	東北	中央	正北
15	十七	乙卯	東南	西北	西南	正南	正東	中央	正西

己亥年財喜貴煞方位表

二〇一九國曆九月	農曆八月	支干	財神	喜門	貴門	文昌	正財	偏財	煞方
16	十八	丙辰	正西	西南	正西	西南	東南	正西	正南
17	十九	丁巳	正西	正南	正西	正西	正南	正西	正東
18	二十	戊午	正北	東南	西南	西南	東南	正北	正北
19	廿一	己未	正北	東北	西南	正西	正南	正北	正西
20	廿二	庚申	正東	西北	西南	西北	西南	正東	正南
21	廿三	辛酉	正東	西南	東北	正北	正西	正東	正東
22	廿四	壬戌	正南	正南	正東	東北	西北	正南	正北
23	廿五	癸亥	正南	東南	正東	正東	正北	正南	正西
24	廿六	甲子	東南	東北	東北	東南	東北	中央	正南
25	廿七	乙丑	東南	西北	正北	正南	正東	中央	正東
26	廿八	丙寅	正西	西南	正西	西南	東南	正西	正北
27	廿九	丁卯	正西	正南	西北	正西	正南	正西	正西
28	三十	戊辰	正北	東南	東北	正北	東南	正北	正南
29	九月	己巳	正北	東北	西南	正西	正南	正北	正東
30	初二	庚午	正東	西北	西南	西北	西南	正東	正北

己亥年財喜貴煞方位表

二〇一九國曆十月	農曆九月	支干	財神	喜門	貴門	文昌	正財	偏財	煞方
1	**初三**	辛未	正東	西南	正南	正北	正西	正東	正西
2	**初四**	壬申	正南	正南	正東	東北	西北	正南	正南
3	**初五**	癸酉	正南	東南	東南	正東	正北	正南	正東
4	**初六**	甲戌	東南	東北	東北	東南	東北	中央	正北
5	**初七**	乙亥	東南	西北	西南	正南	正東	中央	正西
6	**初八**	丙子	正西	西南	正西	西南	東南	正西	正南
7	**初九**	丁丑	正西	正南	西北	正西	正南	正西	正東
8	**初十**	戊寅	正北	東南	東北	西南	東南	正北	正北
9	**十一**	己卯	正北	東北	西南	正西	正南	正北	正西
10	**十二**	庚辰	正東	西北	東北	西北	西南	正東	正南
11	**十三**	辛巳	正東	西南	東北	正北	西南	正東	正東
12	**十四**	壬午	正南	正南	正東	東北	西北	正南	正北
13	**十五**	癸未	正南	東南	正東	正東	正北	正南	正西
14	**十六**	甲申	東南	東北	西南	東南	東北	中央	正南
15	**十七**	乙酉	東南	西北	西南	正南	正東	中央	正東

己亥年財喜貴煞方位表

二〇一九國曆十月	農曆九月	支干	財神	喜門	貴門	文昌	正財	偏財	煞方
16	十八	丙戌	正西	西南	正西	西南	東南	正西	正北
17	十九	丁亥	正西	正南	正西	正西	正南	正西	正西
18	二十	戊子	正北	東南	東北	西北	西南	正東	正南
19	廿一	己丑	正北	東北	正北	正北	正西	正東	正東
20	廿二	庚寅	正東	西北	東北	東北	西北	正南	正北
21	廿三	辛卯	正東	西南	東北	正東	正北	正南	正西
22	廿四	壬辰	正南	正南	正東	東南	東北	中央	正南
23	廿五	癸巳	正南	東南	東南	正南	正東	中央	正東
24	廿六	甲午	東南	東北	西南	西南	東南	正西	正北
25	廿七	乙未	東南	西北	西南	正南	正東	中央	正西
26	廿八	丙申	正西	西南	正西	西南	東南	正西	正南
27	廿九	丁酉	正西	正南	西北	正西	正南	正西	正東
28	十月	戊戌	正北	東南	東北	西南	東南	正北	正北
29	初二	己亥	正北	東北	西南	正西	正南	正北	正西
30	初三	庚子	正東	西北	東北	西北	西南	正東	正南
31	初四	辛丑	正東	西南	東北	正北	正西	正東	正東

己亥年財喜貴煞方位表

二〇一九 國曆十一月	農曆 十月	支干	財神	喜門	貴門	文昌	正財	偏財	煞方
1	初五	壬寅	正南	正南	正東	東北	西北	正南	正北
2	初六	癸卯	正南	東南	正東	正東	正北	正南	正西
3	初七	甲辰	東南	東北	西南	東南	東北	中央	正南
4	初八	乙巳	東南	西北	正北	正南	正東	中央	正東
5	初九	丙午	正西	西南	西北	西南	東南	正西	正北
6	初十	丁未	正西	正南	西北	正西	正南	正西	正西
7	十一	戊申	正北	東南	西南	西南	東南	正南	正南
8	十二	己酉	正北	東北	西南	正西	正南	正北	正東
9	十三	庚戌	正東	西北	西南	西北	西南	正東	正北
10	十四	辛亥	正東	西南	正南	正北	正西	正東	正西
11	十五	壬子	正南	正南	正東	東北	西北	正南	正南
12	十六	癸丑	正南	東南	正東	正東	正北	正南	正東
13	十七	甲寅	東南	東北	東北	東南	東北	中央	正北
14	十八	乙卯	東南	西北	西南	正南	正東	中央	正西
15	十九	丙辰	正西	西南	正西	西南	東南	正西	正南

己亥年財喜貴煞方位表

二〇一九 國曆十一月	農曆十月	支干	財神	喜門	貴門	文昌	正財	偏財	煞方
16	二十	丁巳	正西	正南	正西	正西	正南	正西	正東
17	廿一	戊午	正北	東南	西南	西南	東南	正北	正北
18	廿二	己未	正北	東北	西南	正西	正南	正北	正西
19	廿三	庚申	正東	西北	西南	西北	西南	正東	正南
20	廿四	辛酉	正東	西南	東北	正北	正西	正東	正東
21	廿五	壬戌	正南	正南	正東	東北	西北	正南	正北
22	廿六	癸亥	正南	東南	正東	正東	正北	正南	正西
23	廿七	甲子	東南	東北	東北	東南	東北	中央	正南
24	廿八	乙丑	東南	西北	正北	正南	正東	中央	正東
25	廿九	丙寅	正西	西南	正西	西南	東南	正西	正北
26	十一月	丁卯	正西	正南	西北	正西	正南	正西	正西
27	初二	戊辰	正北	東南	東北	正北	東南	正北	正南
28	初三	己巳	正北	東北	西南	正西	正南	正北	正東
29	初四	庚午	正東	西北	西南	西北	西南	正東	正北
30	初五	辛未	正東	西南	正南	正北	正西	正東	正西

己亥年財喜貴煞方位表

二〇一九 國曆十二月	農曆 十一月	支干	財神	喜門	貴門	文昌	正財	偏財	煞方
1	初六	壬申	正南	正南	正東	東北	西北	正南	正南
2	初七	癸酉	正南	東南	東南	正東	正北	正南	正東
3	初八	甲戌	東南	東北	東北	東南	東北	中央	正北
4	初九	乙亥	東南	西北	西南	正南	正東	中央	正西
5	初十	丙子	正西	西南	正西	西南	東南	正西	正南
6	十一	丁丑	正西	正南	西北	正西	正南	正西	正東
7	十二	戊寅	正北	東南	東北	西南	東南	正北	正北
8	十三	己卯	正北	東北	西南	正西	正南	正北	正西
9	十四	庚辰	正東	西北	東北	西北	西南	正東	正南
10	十五	辛巳	正東	西南	東北	正北	西南	正東	正東
11	十六	壬午	正南	正南	正東	東北	西北	正南	正北
12	十七	癸未	正南	東南	正東	正東	正北	正南	正西
13	十八	甲申	東南	東北	西南	東南	東北	中央	正南
14	十九	乙酉	東南	西北	西南	正南	正東	中央	正東
15	二十	丙戌	正西	西南	正西	西南	東南	正西	正北

己亥年財喜貴煞方位表

二〇一九 國曆十二月	農曆 十一月	支干	財神	喜門	貴門	文昌	正財	偏財	煞方
16	廿一	丁亥	正西	正南	正西	正西	正南	正西	正西
17	廿二	戊子	正北	東南	東北	西北	西南	正東	正南
18	廿三	己丑	正北	東北	正北	正北	正西	正東	正東
19	廿四	庚寅	正東	西北	東北	東北	西北	正南	正北
20	廿五	辛卯	正東	西南	東北	正東	正北	正南	正西
21	廿六	壬辰	正南	正南	正東	東南	東北	中央	正南
22	廿七	癸巳	正南	東南	東南	正南	正東	中央	正東
23	廿八	甲午	東南	東北	西南	西南	東南	正西	正北
24	廿九	乙未	東南	西北	西南	正南	正東	中央	正西
25	三十	丙申	正西	西南	正西	西南	東南	正西	正南
26	十二月	丁酉	正西	正南	西北	正西	正南	正西	正東
27	初二	戊戌	正北	東南	東北	西南	東南	正北	正北
28	初三	己亥	正北	東北	西南	正西	正南	正北	正西
29	初四	庚子	正東	西北	東北	西北	西南	正東	正南
30	初五	辛丑	正東	西南	東北	正北	正西	正東	正東
31	初六	壬寅	正南	正南	正東	東北	西北	正南	正北

己亥年財喜貴煞方位表

二〇二〇國曆一月	農曆十二月	支干	財神	喜門	貴門	文昌	正財	偏財	煞方
1	初七	癸卯	正南	東南	正東	正東	正北	正南	正西
2	初八	甲辰	東南	東北	西南	東南	東北	中央	正南
3	初九	乙巳	東南	西北	正北	正南	正東	中央	正東
4	初十	丙午	正西	西南	西北	西南	東南	正西	正北
5	十一	丁未	正西	正南	西北	正西	正南	正西	正西
6	十二	戊申	正北	東南	西南	西南	東南	正南	正南
7	十三	己酉	正北	東北	西南	正西	正南	正北	正東
8	十四	庚戌	正東	西北	西南	西北	西南	正東	正北
9	十五	辛亥	正東	西南	正南	正北	正西	正東	正西
10	十六	壬子	正南	正南	正東	東北	西北	正南	正南
11	十七	癸丑	正南	東南	正東	正東	正北	正南	正東
12	十八	甲寅	東南	東北	東北	東南	東北	中央	正北
13	十九	乙卯	東南	西北	西南	正南	正東	中央	正西
14	二十	丙辰	正西	西南	正西	西南	東南	正西	正南
15	廿一	丁巳	正西	正南	正西	正西	正南	正西	正東

己亥年財喜貴煞方位表

二〇二〇國曆一月	農曆十二月	支干	財神	喜門	貴門	文昌	正財	偏財	煞方
16	廿二	戊午	正北	東南	西南	西南	東南	正北	正北
17	廿三	己未	正北	東北	西南	正西	正南	正北	正西
18	廿四	庚申	正東	西北	西南	西北	西南	正東	正南
19	廿五	辛酉	正東	西南	東北	正北	正西	正東	正東
20	廿六	壬戌	正南	正南	正東	東北	西北	正南	正北
21	廿七	癸亥	正南	東南	正東	正東	正北	正南	正西
22	廿八	甲子	東南	東北	東北	東南	東北	中央	正南
23	廿九	乙丑	東南	西北	正北	正南	正東	中央	正東
24	三十	丙寅	正西	西南	正西	西南	東南	正西	正北
25	正月	丁卯	正西	正南	西北	正西	正南	正西	正西
26	初二	戊辰	正北	東南	東北	正北	東南	正北	正南
27	初三	己巳	正北	東北	西南	正西	正南	正北	正東
28	初四	庚午	正東	西北	西南	西北	西南	正東	正北
29	初五	辛未	正東	西南	正南	正北	正西	正東	正西
30	初六	壬申	正南	正南	正東	東北	西北	正南	正南
31	初七	癸酉	正南	東南	東南	正東	正北	正南	正東

己亥年財喜貴煞方位表

二〇二〇國曆二月	農曆正月	支干	財神	喜門	貴門	文昌	正財	偏財	煞方
1	初八	甲戌	東南	東北	東北	東南	東北	中央	正北
2	初九	乙亥	東南	西北	西南	正南	正東	中央	正西
3	初十	丙子	正西	西南	正西	西南	東南	正西	正南
4	十一	丁丑	正西	正南	西北	正西	正南	正西	正東
5	十二	戊寅	正北	東南	東北	西南	東南	正北	正北
6	十三	己卯	正北	東北	西南	正西	正南	正北	正西
7	十四	庚辰	正東	西北	東北	西北	西南	正東	正南
8	十五	辛巳	正東	西南	東北	正北	西南	正東	正東
9	十六	壬午	正南	正南	正東	東北	西北	正南	正北
10	十七	癸未	正南	東南	正東	正東	正北	正南	正西
11	十八	甲申	東南	東北	西南	東南	東北	中央	正南
12	十九	乙酉	東南	西北	西南	正南	正東	中央	正東
13	二十	丙戌	正西	西南	正西	西南	東南	正西	正北
14	廿一	丁亥	正西	正南	正西	正西	正南	正西	正西
15	廿二	戊子	正北	東南	東北	西北	西南	正東	正南

己亥年財喜貴煞方位表

煞方	偏財	正財	文昌	貴門	喜門	財神	支干	農曆正月	二〇二〇國曆二月
正東	正東	正西	正北	正北	東北	正北	己丑	廿三	16
正北	正南	西北	東北	東北	西北	正東	庚寅	廿四	17
正西	正南	正北	正東	東北	西南	正東	辛卯	廿五	18
正南	中央	東北	東南	正東	正南	正南	壬辰	廿六	19
正東	中央	正東	正南	東南	東南	正南	癸巳	廿七	20
正北	正西	東南	西南	西南	東北	東南	甲午	廿八	21
正西	中央	正東	正南	西南	西北	東南	乙未	廿九	22
正南	正西	東南	西南	正西	西南	正西	丙申	二月	23
正東	正西	正南	正西	西北	正南	正西	丁酉	初二	24
正北	正北	東南	西南	東北	東南	正北	戊戌	初三	25
正西	正北	正南	正西	西南	東北	正北	己亥	初四	26
正南	正東	西南	西北	東北	西北	正東	庚子	初五	27
正東	正東	正西	正北	東北	西南	正東	辛丑	初六	28
正北	正南	西北	東北	正東	正南	正南	壬寅	初七	29

己亥年風水運用大全

己亥年九宮飛星大解析 234

己亥年方位運用及運勢提升之道 236

己亥年九宮飛星大解析

九宮飛星的理論認為，代表不同意義的「九星」每年會落在九個不同的方位上，而這九星依照固定的循環，每九年重複一次。又因為位置的轉換是以「年」為單位，因此又被稱作「流年方位」。這九星各自代表不同的意義，主宰人們一年的運勢，對於各方面產生影響。（關於九宮飛星圖的詳細解說與運用方式，可參考《謝沅瑾財運風水教科書》）

九星的種類與意義

一白、貪狼星，主桃花文職：

易遇桃花感情之姻緣情事，同時亦加強官運與財運。

二黑、巨門星，主身心病痛：

外在病痛不斷，內在煩憂頻起，內外交攻永無寧日。

三碧、祿存星，主官非鬥爭：

易遭官非訴訟纏身不休，或遇致使殘廢之病痛意外。

四綠、文昌星，主讀書考試：

加強讀書效果，頭腦判斷能力，強化考運與升職運。

五黃、廉貞星，主災病凶煞：

宜靜不宜動，貿然動土喪葬者必遭凶煞，非死即傷。

六白、武曲星，主軍警官運：

使軍警職易獲拔擢，升遷快速順暢，最終威權震世。

七赤、破軍星，主盜賊破財：

居家出外易遭盜賊，身邊亦有小人環伺，災禍不斷。

八白、左輔星，主富貴功名：

富貴功名源源不絕，能化凶神為吉星，發財又添丁。

九紫、右弼星，主福祿喜事：

能趕煞催貴，遇之必有喜事臨門，有情人終成眷屬。

九星涵蓋了各種福祿壽喜、生老病死之事，也因此每一星的位置好壞與運用都是不能輕忽之事，如果能夠了解每一年的流年方位，並加以妥善運用，對於個人的運勢將會有很不錯的提升。

二〇一九己亥年九宮飛星圖

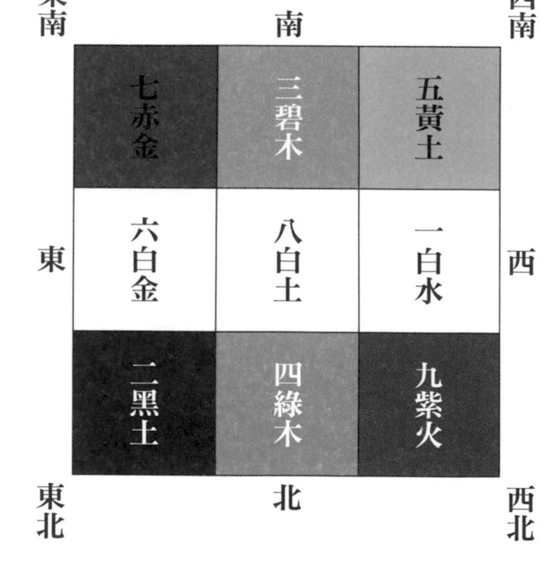

己亥年方位運用及運勢提升之道

流年財位與招財法

九宮飛星所代表的財位，因為每年不同，又叫作流年財位。在九宮飛星中代表財運的星有「一白、六白、八白」，也分別代表了「文官官運財運」、「武官官運財運」以及「整體財運」。經過正確運用，能催動家中真財位，強化財運。

不同職業與不同發展方向的人，要催的財位就不同。像是公務人員希望能夠加薪升官，就要催動「一白」星。若是軍警保全等，想要能有更好的晉升管道，那就要催動「六白」星。而如果是上班族、經商者，或者是不管是哪一種人，就可以使用「八白」星來催動整體財運。

⊙一白財位

二〇一九年的文星（文曲星）也就是一白星的位置在西方，從事文職工作的人，可以在這個位置上放文昌筆，點旺文昌，讓思緒更加文思泉湧，靈感源源不絕。另外，在事業工作上面如果想要有所突破，增加人緣，也可以在這個位置上擺放粉水晶。從事文職內勤工作的人，如果房子的這個方位剛好有開窗的話，在事業工作上加分就會特別多。

從事文職工作的人，可以在一白的位置上放文昌筆，點旺文昌。

⊙六白財位

六白星也就是武曲的位置，主要針對跑外勤，甚至軍人、警察，軍警職這類工作的人，**二〇一九年的六白位在東方**，如果想在今年爭取晉升、升遷、遠調的機會，建議可以在這個位置上擺放馬匹飾品，最好是前面兩隻腳抬起的馬，頭朝外擺放，民俗上代表驛馬星動，表示比較有升遷或遠調的機會。馬的材質建議使用金屬，其次為原木，第三是玻璃材質。但如果工作已經很穩定者，建議馬匹擺放方向相反，頭朝內，樣子為四隻腳著地，所以如果馬背放錢，代表「馬上有錢」，意味著財運上有提升。馬背上放猴子，代表「馬上封侯」。

⊙八白財位

八白星也就是左輔星的位置，今年來到中央，不僅是上班、公職或經商，即使只是擺個攤位，都可以運用這個位置來催旺財運。另外，在寺廟中求到的發財金，也可以擺放這個位置上，加分比較多。

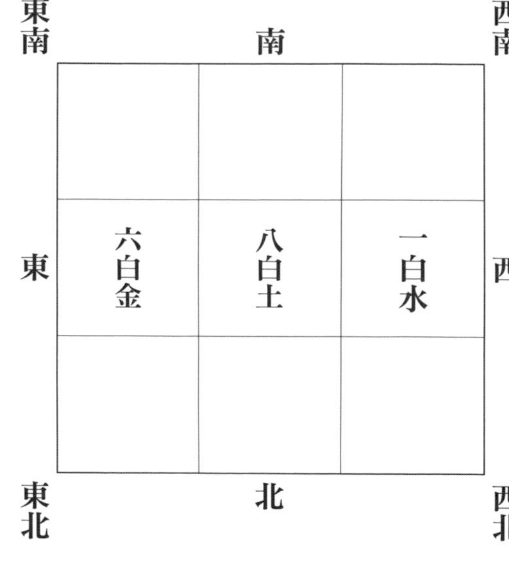

流年桃花位與招桃法

對於桃花位的應用，大多數的人都存有誤解，以為招桃花僅針對男女間的感情。其實「桃花」可以區分為「姻緣桃花」與「人緣桃花」。「姻緣桃花」就是我們一般所認識的、針對男女感情的桃花，如果能招到好的姻緣桃花，就能夠找到好對象，也比較有機會獲得好的姻緣。

另一種是「人緣桃花」，這種桃花代表的是個人與他人之間的交情、友誼。有好的「人緣桃花」，對於人際關係的促進有很大的幫助。對應到日常生活中，如果從事需要密切與人來往的職業，像是業務員、房仲業者、商店販售的店員等，如果能夠適當的增強自己的人緣桃花，對於業績也會有很大的幫助。

未婚者希望有好對象，可以在流年桃花位上放置粉水晶，有助於提升運勢。

在九宮飛星圖中掌管桃花的有一白。根據九宮飛星圖的流年方位，**今年一白星落在西方的位置，因此今年的流年桃花位就在西方**。如果未婚者希望有好對象，可以在這個位置上放置粉水晶或裝水的容器裡放入粉晶，有助於提升運勢。如果是已婚者希望能讓自己有好人緣，可以擺設紫水晶，會幫助促進人際關係，也會增強判斷力。

另外，九宮飛星中的九紫星，一般認為是能招來喜事、催動姻緣。**今年的九紫星位在西北方**，可以在這個方位上擺放在月老廟求得的紅線，可以為感情加分。

⊙ 桃花位的維護

在桃花位擺放招桃花的物品來催動桃花之後，並不表示就可以安心的不去管它。平時也要特別注意桃花位的維護。

如果桃花位髒亂，或者用來擺垃圾桶，在感情上就會很容易遭小人破壞，導致感情破裂。

如果桃花位上擺放髒衣服或是雜物，代表感情容易有遇人不淑、所遇非人的狀況。因為桃花位上堆滿雜物，象徵著感情的狀況錯綜複雜。

如果桃花位完全的空曠或者過度清潔，也不太好，暗示著感情會一乾二淨，感情上容易有缺口經常沒有對象。桃花位如果沒有要加以運用，也最好是保持整齊、清潔，給予適當的照明，才能避免招來爛桃花，並打壞自己的好人緣。

❁ 流年文昌與催旺法

九宮飛星中掌管考運的文昌位是為四綠星。**今年的四綠星也就是文昌位於北方**，對於學生、考公職的人都可以運用這個位置來催旺運勢。有打算考試或是家中有正在求學的小孩，可以在家中**北方**的位置設置書桌，在文昌位上讀書，將有助於集中精神，提升考運。

另外催旺文昌最常見的方式是點燈，古人用油燈，現代可用檯燈或立燈來代替，在燈上綁上紅布條、紅線或紅繩，不僅對於家裡人的考運能加分，也代表開智慧。也可以運用文昌塔，民間認為文昌塔有貴子之意，就是小孩子考取功名、富貴的意思。但是塔型的高度，應該以奇數為主，一般最高是十三層，可使用五層、七層、九層，越高代表層級越好。在文昌位上也可擺放文房四寶，或者是懸掛文昌筆，以及貼上獨占鰲頭的鰲的圖像或魁星踢斗圖，對於讀書或者是頭腦判斷能力都會有提升。另外也可以擺放紫水晶，可以增強注意力與記憶力，幫助思路清晰，相對的就容易獲得好成績。

如果流年文昌位正好落在廁所的時候，對於判斷分析跟理解能力會有負面影響。建議在廁所內擺放土種黃金葛並且以燈照射，來化解。

正確的書桌擺設，也能幫助提升運氣。書桌或辦公桌最好的擺設方式為：桌面的左邊放置電腦與電話，桌面的右邊則放置文件與文具。這樣的擺放方式能營造出一種安心的氣氛，讓坐在書桌前的人能夠專心的讀書或辦公。

書桌上也可以放置紫水晶，形狀最好是圓形，可以加強思緒清晰。特別要注意的是，像美工刀、剪刀等利器，最好都封好收起來，以免利刃傷害了好機會以及好考運。

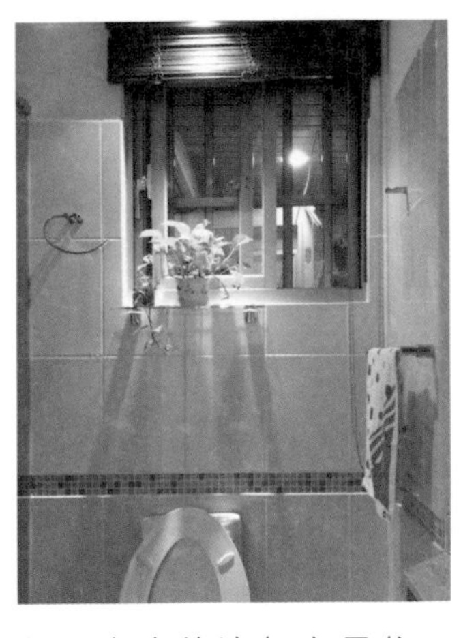

如果家中的流年文昌位，正巧落在廁所，建議在廁所內擺放土種黃金葛加上燈照來化解。

流年災病方位與避除法

九宮飛星中有二個要特別注意的星宿，分別為二黑與五黃，是要特別注意防範的方位。

其中二黑代表了「巨門星」，主「身心病痛」，民俗上也代表病符的位置，**今年剛好落在東北方**，因此在居家流年風水中，要特別注意的便是避免在這個方位睡覺，以防容易生病，如果房間在這方位者，在這年最好能換房睡覺，也建議在這個方位上擺放龜殼、葫蘆或者是千鶴圖，對於健康方面有加分的效果，不過，要記住千鶴圖千萬不能放上面有畫太陽的，因為那意味著日落西山、駕鶴西歸，千萬要注意！

五黃則代表了「廉貞星」，今年落在西南方，主的是「災病凶煞」，是可能會帶來災難病痛的凶星，而且通常是指關於血光的部分，容易受傷、開刀或者有意外傷害。最忌諱的就是動土，因此在居家流年風水中，要特別注意的便是避免在這個方位動土，不管是裝潢、油漆、修改隔間……等，最好都能**先避開西南方**，並延到明年後再行施工，也要避免在此方位睡覺。

要注意的是，**如果居家外面、對面跟西南方的方位，如果剛好有人動土，家中也會受到五黃煞氣的影響**，一般來說，可以在面對動工的方位上，擺放龜殼來化解。

流年二黑位不宜在此睡覺，並建議擺放葫蘆來提升健康運。

此外，位於**南方的三碧木**，一般來說會帶來官非跟盜賊的影響，也盡量不在這個方位動土。

位於東南方的七赤金，代表破軍星，是盜賊之星，通常在這個方位動工或裝潢，意味著容易遭小偷，也要盡量避免。

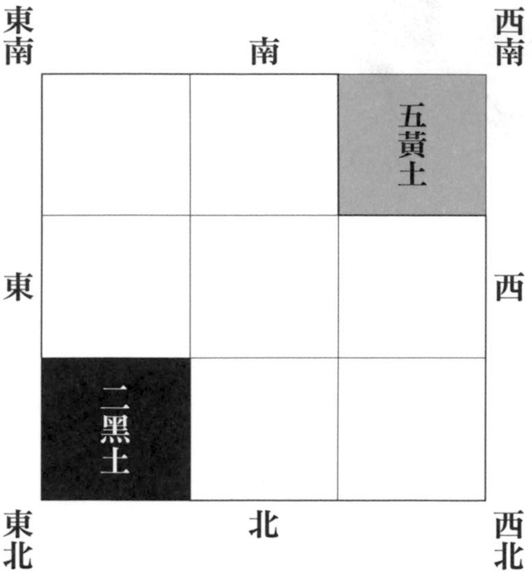

東南		南		西南
			五黃土	
東				西
	二黑土			
東北		北		西北

二〇一九己亥年九宮方位應用圖

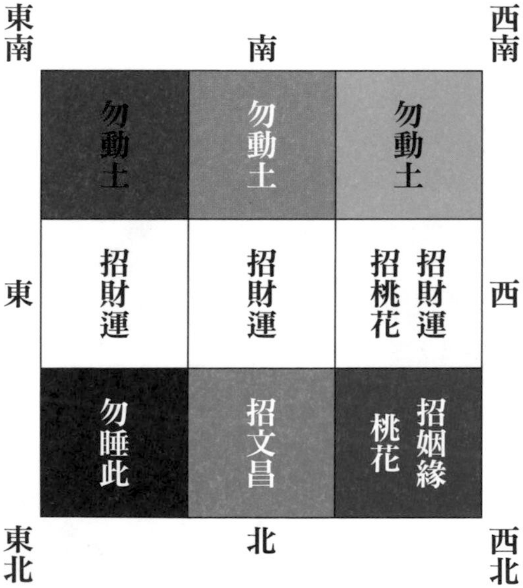

東南		南		西南
	勿動土	勿動土	勿動土	
東	招財運	招財運	招財運 招桃花	西
	勿睡此	招文昌	招姻緣 桃花	
東北		北		西北

今年的太歲方

今年太歲方在亥方（西北方），而今年歲破方則在太歲方對面的巳方（東南方）。

我們常聽人說的「太歲頭上動土」，代表一個人不知好歹，做了不該做的事，惹了不該惹的人，因此準備要倒大楣了。其由來便是民俗上認為每年的太歲星君，都會固定降臨在家中的某個方位（例如**今年是亥方**），那個方位在今年中，便會成為太歲星君的「專屬方位」。因此如果在這個方位動土，就好像打擾到了太歲星君，可能會使得太歲星君不高興，住家運勢自然可能因而下降。另外要注意的是，歲破方也不能動土。

今年的太歲星君為「謝太大將軍」。

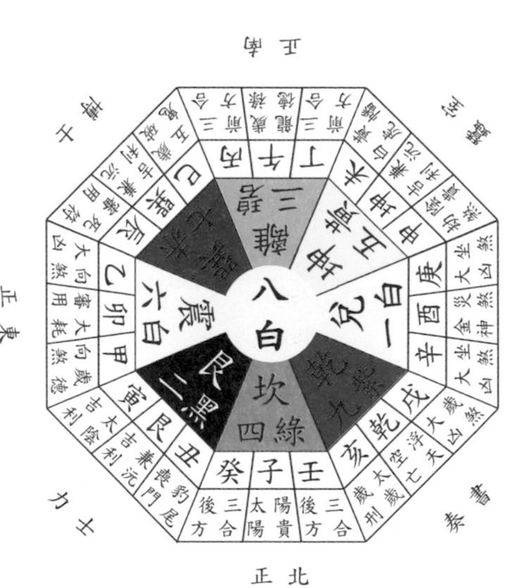

己亥年命名大全

姓名學概述 246

己亥年出生者命名注意事項 247

姓名八十一數吉凶靈動表 252

己亥年出生者適合職業解析 256

己亥年年曆 262

姓名學概述

漢字是相當獨特的一種文字，與西方字母不同，漢字是由一筆一畫構成的方塊文字。一個方塊字裡頭，不僅有「象」、有「數」、有「音」也有「義」，亦即《說文解字》提到的：「象形、指事、會意、形聲、轉注、假借。」

從姓名學的角度來說，八字走的是先天命，名字走的是後天運。漢字中的每一個部分都與陰陽五行有所呼應。所以在中國古代，人們便會利用漢字來占卜吉凶禍福，可見漢字不只是單純的文字，更包含著無數的資訊與深意。因此運用在名字上面，對於一個人的影響之大，就不得不謹慎。名字的好壞，關係一個人一生的事業、婚姻、健康乃至親子關係的優劣。

傳統姓名學認為姓名的組合，要考慮許多面向，包括字義、屬性組合、三才、五行、筆劃、生肖、甲骨、八字……要判斷一個人的姓名是否適合，對運勢是否有加分，有兩個重要的步驟：

1 先排出正確的姓名筆劃。

2 針對人格、地格、外格、總格的筆劃來判斷。

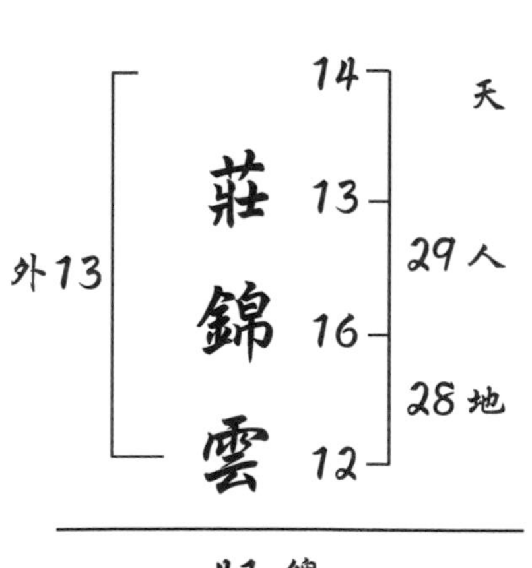

己亥年出生者命名注意事項

適合的部首

「丙」「丁」的部首

今年是己亥年，天干己屬土，以五行上來說，因為火生土，使用含有「丙」、「丁」部首的字，像是「亭」、「婷」等，則會加分更多。

「羊」「未」「兔」「卯」的部首

今年是己亥年，地支屬亥，生肖為豬。根據生肖來看，以形成三合格局者為最佳，因此姓名中有「兔」、「卯」、「羊」、「未」這些部首都能加分，如逸、柳、祥、妹等字。

「豆」、「米」、「魚」、「月」、「禾」、「艹」的部首

以豬的生肖來說，這些都代表糧食，用在姓名上加分多，代表有食有祿，衣食無缺。

「亻」、「土」、「氵」的部首

人字旁（亻）代表有人照顧，土字部首代表能得地利，這些部首都是指居住環境的狀況，對屬豬者來說，有人照顧，有土地生活，都表示能擁有良好的生活環境，用在姓名上可以加分。另外，「氵」的部首也有加分。

「木」、「金」的部首

這兩個部首對於屬豬者而言，在五行上能帶來注意，屬豬的人使用在姓名上會有加分。

不適合的部首

「甲」「乙」的部首

今年的天干為己，己屬土，五行上來說木剋土。「甲」、「乙」屬木，所以天干中的「甲」、「乙」部首的字都不適用。特別是「乙」字隱藏生肖為蛇，更要避免使用。

「寅」、「虎」、「申」、「侯」、「者」、「亥」、「弓」、「几」、「虫」的部首

今年的地支為亥，傳統上認為生肖之間有刑、沖、破、害的關係，取名也要避開。十二生肖中，虎與豬形成合、刑、破格局，雖然有加分，但減分更多，「寅」、「虎」代表老虎，所以取名不建議使用。「申」、「猴」代表猴子，豬與猴形成六害的格局，主損財，取名不管落在哪個位置都會受影響。豬與豬形成相刑格局，表示容易產生摩擦，因此「者」、「亥」這類代表豬的字也不建議使用。「弓」、「几」、「虫」這些部首隱藏有蛇的意思，而蛇跟豬是形成正沖的格局，容易有沖剋的現象，因此不管是在事業、婚姻、財運、子女等都容易造成不利。

「石」、「刀」、「血」、「皿」的部首

這些都是見刀見血的狀況，也都是豬要被宰殺時容易出現的東西，民間說法身體方面、健康方面會受影響，必須要注意避免使用。

「糸」的部首

要避免這個「糸」字旁出現，一般而言絲、線、繩、索都屬「糸」字旁，通常諸只有要在被宰殺的時候，才會被綁起來，因此要特別留意，比較不適合。

「夂」、「皮」、「力」的部首

「夂」、「皮」等是象徵豬餓肚子，糧食不足，吃不飽，要避免使用。而以「力」來說，一般豬是食物飲水都有人準備好，因此還要出力的話，則代表環境出了問題。

男生

正月生 帶亡神煞兼孤獨格，個性稍微孤僻，小時候可多參加人多的活動，但要避免疾病喪葬的場合。

二月生 帶鐵掃，入贅或住女方家比較會有影響。

三月生 犯重婚，婚姻比較會有變數，容易二婚，建議盡量晚婚，注意命名。

七月生 破月，也是對婚姻感情較有影響，命名時要特別注意。

十月生 帶桃花，感情機會多，事業助力也多，但要小心有爛桃花，命名時要慎選組合。

女生

正月生 破月兼亡神煞，建議晚婚，取名時要留意，另外就是盡量避免疾病喪葬的場合。

四月生 再嫁，婚姻易有變數，取名字要注意相關的問題。

八月生 帶鐵掃，建議要晚婚，或是婚後不和公婆住，自組小家庭。

九月生 寡宿，除了要晚婚之外，取名時要留意筆畫和相關的組合。

十月生 帶桃花，感情機會雖多，但好的機會一次就夠，因此要留意爛桃花，命名時要注意。

稻子越成熟，頭自然垂得越低。

姓名八十一數吉凶靈動表

筆劃數	吉凶	詩評
一劃	吉	大展鴻圖，信用得固，無遠弗屆，可獲成功。
二劃	凶	根基不固，搖搖欲墜，一盛一衰，勞而無功。
三劃	吉	根深蒂固，蒸蒸日上，如意吉祥，百事順遂。
四劃	凶	坎坷前途，苦難折磨，非有毅力，難望成功。
五劃	吉	陰陽和合，生意興隆，名利雙收，後福重重。
六劃	吉	萬寶雲集，天降幸運，立志奮發，可成大功。
七劃	吉	專心經營，和氣致祥，排除萬難，必獲成功。
八劃	吉	努力發達，貫徹志望，不忘進退，成功可期。
九劃	凶	雖抱奇才，有才無命，獨營無力，財力難望。

筆劃數	吉凶	詩評
十劃	凶	烏雲遮月，暗淡無光，空費心力，徒勞無功。
十一劃	吉	草木逢春，枯葉沾露，穩健著實，必得人望。
十二劃	凶	薄弱無力，孤立無援，外祥內苦，謀事難成。
十三劃	吉	天賦吉運，能得人望，善用智慧，必獲成功。
十四劃	大凶	忍得苦難，必有後福，是成是敗，惟靠堅毅。
十五劃	吉	謙恭做事，外得人和，大事成就，一定興隆。
十六劃	吉	能獲眾望，成就大業，名利雙收，盟主四方。
十七劃	吉	排除萬難，有貴人助，把握時機，可得成功。
十八劃	吉	經商做事，順利昌隆，如能慎始，百事亨通。

十九劃	大凶	成功雖早，慎防空虧，內外不合，障礙重重。
二十劃	大凶	智高志大，歷盡艱難，焦心憂勞，進退兩難。
二十一劃	吉	專心經營，善用智慧，霜雪梅花，春來怒放。
二十二劃	凶	秋草逢霜，懷才不遇，憂愁怨苦，事不如意。
二十三劃	吉	旭日昇天，名顯四方，漸次進展，終成大業。
二十四劃	吉	錦繡前程，須靠自力，多用智謀，能奏大功。
二十五劃	吉	天時地利，再得人和，講信修睦，即可成功。
二十六劃	凶	波瀾起伏，千變萬化，凌駕萬難，必可成功。
二十七劃	凶帶吉	一成一敗，一盛一衰，惟靠謹慎，可守成功。
二十八劃	大凶	魚臨旱地，難逃惡運，此數大凶，不如更名。
二十九劃	吉	如龍得雲，青雲直上，智謀奮進，才略奏功。

三十劃	凶	吉凶參半，得失相伴，投機取巧，如賽一樣。
三十一劃	吉	此數大吉，名利雙收，漸進向上，大業成就。
三十二劃	吉	池中之龍，風雲際會，一躍上天，成功可望。
三十三劃	吉	不可意氣，善用智慧，如能慎始，必可昌隆。
三十四劃	大凶	災難不絕，難望成功，此數大凶，不如更名。
三十五劃	吉	中吉之數，進退保守，生意安穩，成就可期。
三十六劃	凶	波瀾重疊，常陷窮困，動不如靜，有才無命。
三十七劃	吉	逢凶化吉，吉人天相，風調雨順，生意興隆。
三十八劃	凶帶吉	名雖可得，利則難獲，藝界發展，可望成功。
三十九劃	吉	雲開見月，雖有勞碌，光明坦途，指日可期。
四十劃	吉帶凶	一盛一衰，浮沉不定，知難而退，自獲天佑。

筆劃數	吉凶	詩評
四十一劃	吉	天賦吉運，德望兼備，繼續努力，前途無限。
四十二劃	吉帶凶	事業不專，十九不成，專心進取，可望成功。
四十三劃	吉帶凶	雨夜之花，外祥內苦，忍耐自重，轉凶為吉。
四十四劃	凶	雖用心計，事難遂願，貪功好進，必招失敗。
四十五劃	吉	楊柳遇春，綠葉發枝，衝破難關，一舉成名。
四十六劃	凶	坎坷不平，艱難重重，若無耐心，難望有成。
四十七劃	吉	有貴人助，可成大業，圓滿無疑，福及子孫。
四十八劃	吉	美化豐實，鶴立雞群，名利俱全，繁榮富貴。
四十九劃	凶	遇吉則吉，遇凶則凶，惟靠謹慎，逢凶化吉。
五十劃	吉帶凶	吉凶互見，一成一敗，凶中有吉，吉中有凶。

筆劃數	吉凶	詩評
五十一劃	吉帶凶	一盛一衰，沉浮不常，自重自處，可保平安。
五十二劃	吉	草木逢春，枯葉沾露，福自天降，財源廣進。
五十三劃	吉帶凶	盛衰參半，外祥內苦，先吉後凶，先凶後吉。
五十四劃	大凶	雖傾全力，難望成功，此數大凶，最好改名。
五十五劃	吉帶凶	外觀隆昌，內隱禍患，克服難關，開出泰運。
五十六劃	凶	事與願違，終難成功，欲速不達，有始無終。
五十七劃	吉	努力經營，時來運轉，曠野枯草，春來花開。
五十八劃	凶帶吉	半凶半吉，沉浮多端，始凶終吉，能保成功。
五十九劃	凶	遇事猶疑，難望成事，大刀闊斧，始可有成。
六十劃	凶	黑暗無光，心迷意亂，出爾反爾。難定方針。

劃數	吉凶	靈動
六十一劃	吉帶凶	雲遮半月，百隱風波，應自謹慎，始保平安。
六十二劃	凶	煩悶懊惱，事事難展，自防災禍，始免困境。
六十三劃	吉	萬物化育，繁榮之象，專心一意，必能成功。
六十四劃	凶	見異思遷，十九不成，徒勞無功，不如更名。
六十五劃	吉	吉運自來，能享盛名，把握機會，必獲成功。
六十六劃	凶	黑夜漫長，進退維谷，內外不和，信用缺乏。
六十七劃	吉	時來運轉，事事如意，功成名就，富貴自來。
六十八劃	吉	思慮周詳，計畫力行，不失先機，可望成功。
六十九劃	凶	動搖不安，常陷逆境，不得時運，難得利潤。
七十劃	凶	慘淡經營，難免貧困，此數不吉，最好改名。
七十一劃	吉帶凶	吉凶參半，惟賴勇氣，貫徹力行，始可成功。

劃數	吉凶	靈動
七十二劃	凶	利害混集，凶多吉少，得而復失，難以安順。
七十三劃	吉	安樂自來，自然吉祥，力行不懈，終必成功。
七十四劃	凶	利不及費，坐食山空，如無智謀，難望成功。
七十五劃	吉帶凶	吉中帶凶，欲速不達，進不如守，可保安祥。
七十六劃	大凶	此數大凶，破產之象，宜速改名，以避厄運。
七十七劃	吉帶凶	先苦後甘，先甘後苦，如能守成，不致失敗。
七十八劃	吉帶凶	有得有失，華而不實，須防劫財，始保平安。
七十九劃	凶	如走夜路，前途無光，希望不大，勞而無功。
八十劃	吉帶凶	得而復失，枉費心機，守成無貪，可保安穩。
八十一劃	吉	最極之數，還本歸元，能得繁榮，發達成功。

己亥年出生者適合職業解析

傳統的風水觀念中，認為這世界上的萬物都是由「金木水火土」所構成，這五行的「相生」、「相剋」，構成了萬物的變化。五行對照的不僅是天上的星辰與地上的物質，在傳統風水觀念中，方位、數字、顏色、時間、乃至人體構造與職業，都有各自的五行屬性。

在「五行」的觀念中，每個人也有各自的「五行屬性」，一旦了解所屬的五行，便可知道自己目前所從事的學習或職業，是不是符合本身的屬性，也可以依此作為對於未來規劃的參考。

對於家長來說，找出小孩子的性向往往是困難的一件事，如果能夠從小就找出適合孩子發展的方向，並適切的輔助引導孩子，對於孩子日後的學習或是就業都容易產生加分的作用。

簡單的說，在一開始挑選科系或職業上，如果能夠依照「五行相生」的原則，避開相剋的情形，不僅讀書與工作能事半功倍，也比較容易獲得好的發展與機會。如果正處於人生的十字路口，也可以依此原則來看看是否需要轉換跑道。

讀者可從下頁之「己亥年曆」中找出出生時的「干支日」，再依據「日干與五行對照」，便能推算出今年出生之人所代表之「易經卦象」。

而在「適合職業」的判定上，則須同時將「出生季節」考慮進去，對出生季節的判定，是以農民曆中的「節氣」為基準。將一年以「立春」、「立夏」、「立秋」、「立冬」這四個日子區分為春夏秋冬四個季節，在「立夏」後、「立秋」前出生者，其出生季節即為「夏」。

出生日期與易經卦象對照表

出生日期	易經卦象
日干甲、乙	木
日干丙、丁	火
日干戊、己	土
日干庚、辛	金
日干壬、癸	水

若是出生於交節氣的當天又怎麼計算呢？事實上「交節氣」是指太陽在某個時點開始走入下一個節氣，所以是以「某日某時」為時間點，過了交節氣該日的該時辰之後，才轉為下一個季節。

而同一屬性，出生季節卻不同的人，在特性上便會有所不同。例如：「火」可以代表火焰，夏天已為躁熱的天氣型態，此時若再不小心火燭，恐因「木」材助燃而釀成火災。因此「夏月之火」便不適合「木」。但如果是「冬月之火」，由於「火」在寒冷的冬日裡顯得微弱，不容易燃燒起來，若是加了「木」材就能燃燒得更旺，藉以取暖過冬。所以季節與屬性的搭配十分重要。

找出孩子所屬的「四時屬性」後，便可以對照「出生季節卦象與適合職業對照表」，找出最適合

的職業屬性，再從下面的「五行職業列表」中，就可以找到最適合孩子的發展方向了。

屬金性行業

與金（金屬、工具、金錢）相關行業：

金銀珠寶業經銷販售、金屬業、貴金屬；五金礦業、冶金、工程、開礦、伐木、刀模、機械、兵工廠、機車行、汽車維修、鎖匙行、修鞋、五金行、武術、音響店、手機行、鐘錶行、眼鏡行、玻璃明鏡店、鋁門窗製作、獎牌徽章店、電器經銷販售、電子器材經銷販售；金融、貿易、經濟、會計、銀行、證券、基金會、彩券行、租車行、網咖、電腦美工設計、動畫師、電話交友、打字員。

屬堅硬性、主動性、主宰性之行業：

軍人、警察、保全、大樓管理員、警衛、討債公司、催帳員、徵信社、外勤公務員、運動、科學、科技、大法官、民意代表、交通事業、司機、鑑定業。

屬木性行業

與木（木材、紙筆布料、藥材）相關行業：

木材、林業、木工、傢俱、裝潢、木器製造業、特殊動植物生長之學者、植物栽種實驗人員、種植花草樹果業、茶葉種植販售；造紙、纖維、紡織、文具行、影印店、出版社、文藝界、文化事業編輯、作家、校稿員、內勤公務人員、司法警政人員、保健醫療器材、保健衛生、健康食品、醫生、藥劑師、護士、按摩師。

屬心靈導引、潛移默化之行業：

僧侶、教授、教師、心理醫師、命理師、舞蹈老師、比丘、比丘尼。

屬水性行業

與水（水、海河、冰）相關行業：

水利、航海業、消防業、溫泉業、酒類經銷販售、醬油、浴室、清潔人員；釣具、泳具、水產、漁貨、船員、漁具相關行業；冷飲業、冷凍。冷藏食品、日本料理、飲茶室、冰果室、冷氣。

屬流動性之行業：

流動性之攤販、外交人員、業務人員、仲介、旅遊業、玩具販售、魔術師、特技人員、特殊表演業、遊樂場、電影院、搬家業、送報員、派報員、送羊牛奶員、跑單幫、市調人員（問卷訪問、計次人員）、空勤人員、記者、偵探、演藝業、服務業（餐廳、飲食店、喫茶店、酒家、酒吧、接待業、旅館）、劇團、自由業、行銷企畫人員、研究、調查、分析。

屬火性行業

與火（火、光、熱、電）相關行業：

冶金、化學、瓦斯、高溫物品、高溫餐飲業廚師、外燴廚師、食品業；照明設備、放映師、錄音師、攝影師、相片館、攝影器材販售、製片業、燈光師；手工藝品、機械加工、食物模型製作、陶瓷製造、工藝、玩具製造、理燙髮業、美容瘦身、修護業、印製業、油品、酒類釀造、汽鍋、暖氣；電氣（發電、機具、工廠）。

具影響性之行業：

評論家、心理學家、演說家、文學（文學研究出版經銷、語文學）、排版、雜誌、新聞、傳播媒體、廣告業、舞台燈光音響、招牌、法律、繪畫、樂器、地毯、窗簾、服飾、衣帽、服裝設計、圖案、裝飾、美工、美容、美術、化妝、美容業、登山用品、玩具槍店、百貨業、十元商店、雕刻、古董。

屬土性行業

與土（土地、土木）相關行業：

畜牧業、蔬果販賣商、農畜百業、農業、林業、園藝、礦業、運輸、倉儲、房地產買賣、當鋪、古董家、鑑定師、仲介業、代書、律師、法官、管理、設計、顧問、秘書、會計人員、會計師；水泥業、建築業（木工、水泥工、粗工）、垃圾場、停車場、水晶販售、陶瓷、碗盤販售、防水事業、製糊業。

與喪葬有關行業：

葬儀社、靈骨塔、宗教人員、以及所有宗教行業包括金燭店、車鼓陣、誦經團。

己亥年年曆

108 年 2 月		108 年 1 月		國曆
正月大		十二月大		農曆
丙寅		乙丑		干支
2 月 19 日 雨水辰時 07 時 04 分	2 月 4 日 立春午時 11 時 14 分	1 月 20 日 大寒酉時 17 時 00 分	1 月 5 日 小寒子時 23 時 39 分	節氣 （國曆）
支干	農曆正月	支干	農曆十二月	國曆
己巳	廿七	戊戌	廿六	1
庚午	廿八	己亥	廿七	2
辛未	廿九	庚子	廿八	3
壬申	三十	辛丑	廿九	4
癸酉	正月	壬寅	三十	5
甲戌	初二	癸卯	十二月	6
乙亥	初三	甲辰	初二	7
丙子	初四	乙巳	初三	8
丁丑	初五	丙午	初四	9
戊寅	初六	丁未	初五	10
己卯	初七	戊申	初六	11
庚辰	初八	己酉	初七	12
辛巳	初九	庚戌	初八	13
壬午	初十	辛亥	初九	14
癸未	十一	壬子	初十	15
甲申	十二	癸丑	十一	16
乙酉	十三	甲寅	十二	17
丙戌	十四	乙卯	十三	18
丁亥	十五	丙辰	十四	19
戊子	十六	丁巳	十五	20
己丑	十七	戊午	十六	21
庚寅	十八	己未	十七	22
辛卯	十九	庚申	十八	23
壬辰	二十	辛酉	十九	24
癸巳	廿一	壬戌	二十	25
甲午	廿二	癸亥	廿一	26
乙未	廿三	甲子	廿二	27
丙申	廿四	乙丑	廿三	28
		丙寅	廿四	29
		丁卯	廿五	30
		戊辰	廿六	31

己亥年年曆

國曆	108 年 4 月		108 年 3 月	
農曆	三月大		二月小	
干支	戊辰		丁卯	
節氣（國曆）	4 月 20 日 穀雨申時 16 時 55 分	4 月 5 日 清明巳時 09 時 51 分	3 月 21 日 春分卯時 05 時 58 分	3 月 6 日 驚蟄卯時 05 時 10 分
國曆	支干	農曆三月	支干	農曆二月
1	戊辰	廿六	丁酉	廿五
2	己巳	廿七	戊戌	廿六
3	庚午	廿八	己亥	廿七
4	辛未	廿九	庚子	廿八
5	壬申	三月	辛丑	廿九
6	癸酉	初二	壬寅	三十
7	甲戌	初三	癸卯	二月
8	乙亥	初四	甲辰	初二
9	丙子	初五	乙巳	初三
10	丁丑	初六	丙午	初四
11	戊寅	初七	丁未	初五
12	己卯	初八	戊申	初六
13	庚辰	初九	己酉	初七
14	辛巳	初十	庚戌	初八
15	壬午	十一	辛亥	初九
16	癸未	十二	壬子	初十
17	甲申	十三	癸丑	十一
18	乙酉	十四	甲寅	十二
19	丙戌	十五	乙卯	十三
20	丁亥	十六	丙辰	十四
21	戊子	十七	丁巳	十五
22	己丑	十八	戊午	十六
23	庚寅	十九	己未	十七
24	辛卯	二十	庚申	十八
25	壬辰	廿一	辛酉	十九
26	癸巳	廿二	壬戌	二十
27	甲午	廿三	癸亥	廿一
28	乙未	廿四	甲子	廿二
29	丙申	廿五	乙丑	廿三
30	丁酉	廿六	丙寅	廿四
31			丁卯	廿五

己亥年年曆

108年6月		108年5月		國曆
五月大		四月小		農曆
庚午		己巳		干支
6月21日 夏至子時 23時54分	6月6日 芒種辰時 07時06分	5月21日 小滿申時 15時59分	5月6日 立夏寅時 03時03分	節氣 （國曆）
支干	農曆五月	支干	農曆四月	國曆
己巳	廿八	戊戌	廿七	1
庚午	廿九	己亥	廿八	2
辛未	五月	庚子	廿九	3
壬申	初二	辛丑	三十	4
癸酉	初三	壬寅	四月	5
甲戌	初四	癸卯	初二	6
乙亥	初五	甲辰	初三	7
丙子	初六	乙巳	初四	8
丁丑	初七	丙午	初五	9
戊寅	初八	丁未	初六	10
己卯	初九	戊申	初七	11
庚辰	初十	己酉	初八	12
辛巳	十一	庚戌	初九	13
壬午	十二	辛亥	初十	14
癸未	十三	壬子	十一	15
甲申	十四	癸丑	十二	16
乙酉	十五	甲寅	十三	17
丙戌	十六	乙卯	十四	18
丁亥	十七	丙辰	十五	19
戊子	十八	丁巳	十六	20
己丑	十九	戊午	十七	21
庚寅	二十	己未	十八	22
辛卯	廿一	庚申	十九	23
壬辰	廿二	辛酉	二十	24
癸巳	廿三	壬戌	廿一	25
甲午	廿四	癸亥	廿二	26
乙未	廿五	甲子	廿三	27
丙申	廿六	乙丑	廿四	28
丁酉	廿七	丙寅	廿五	29
戊戌	廿八	丁卯	廿六	30
		戊辰	廿七	31

己亥年年曆

國曆	108 年 8 月		108 年 7 月	
農曆	七月小		六月小	
干支	壬申		辛未	
節氣（國曆）	8 月 23 日 處暑酉時 18 時 02 分	8 月 8 日 立秋寅時 03 時 13 分	7 月 23 日 大暑巳時 10 時 50 分	7 月 7 日 小暑酉時 17 時 21 分
國曆	支干	農曆七月	支干	農曆六月
1	庚午	七月	己亥	廿九
2	辛未	初二	庚子	三十
3	壬申	初三	辛丑	六月
4	癸酉	初四	壬寅	初二
5	甲戌	初五	癸卯	初三
6	乙亥	初六	甲辰	初四
7	丙子	初七	乙巳	初五
8	丁丑	初八	丙午	初六
9	戊寅	初九	丁未	初七
10	己卯	初十	戊申	初八
11	庚辰	十一	己酉	初九
12	辛巳	十二	庚戌	初十
13	壬午	十三	辛亥	十一
14	癸未	十四	壬子	十二
15	甲申	十五	癸丑	十三
16	乙酉	十六	甲寅	十四
17	丙戌	十七	乙卯	十五
18	丁亥	十八	丙辰	十六
19	戊子	十九	丁巳	十七
20	己丑	二十	戊午	十八
21	庚寅	廿一	己未	十九
22	辛卯	廿二	庚申	二十
23	壬辰	廿三	辛酉	廿一
24	癸巳	廿四	壬戌	廿二
25	甲午	廿五	癸亥	廿三
26	乙未	廿六	甲子	廿四
27	丙申	廿七	乙丑	廿五
28	丁酉	廿八	丙寅	廿六
29	戊戌	廿九	丁卯	廿七
30	己亥	八月	戊辰	廿八
31	庚子	初二	己巳	廿九

108年10月		108年9月		國曆
九月小		八月大		農曆
甲戌		癸酉		干支
10月24日 霜降丑時 01時20分	10月8日 寒露亥時 22時06分	9月23日 秋分申時 15時50分	9月8日 白露卯時 06時17分	節氣 （國曆）
支干	農曆九月	支干	農曆八月	國曆
辛未	初三	辛丑	初三	1
壬申	初四	壬寅	初四	2
癸酉	初五	癸卯	初五	3
甲戌	初六	甲辰	初六	4
乙亥	初七	乙巳	初七	5
丙子	初八	丙午	初八	6
丁丑	初九	丁未	初九	7
戊寅	初十	戊申	初十	8
己卯	十一	己酉	十一	9
庚辰	十二	庚戌	十二	10
辛巳	十三	辛亥	十三	11
壬午	十四	壬子	十四	12
癸未	十五	癸丑	十五	13
甲申	十六	甲寅	十六	14
乙酉	十七	乙卯	十七	15
丙戌	十八	丙辰	十八	16
丁亥	十九	丁巳	十九	17
戊子	二十	戊午	二十	18
己丑	廿一	己未	廿一	19
庚寅	廿二	庚申	廿二	20
辛卯	廿三	辛酉	廿三	21
壬辰	廿四	壬戌	廿四	22
癸巳	廿五	癸亥	廿五	23
甲午	廿六	甲子	廿六	24
乙未	廿七	乙丑	廿七	25
丙申	廿八	丙寅	廿八	26
丁酉	廿九	丁卯	廿九	27
戊戌	十月	戊辰	三十	28
己亥	初二	己巳	九月	29
庚子	初三	庚午	初二	30
辛丑	初四			31

己亥年年曆

國曆	108 年 12 月		108 年 11 月	
農曆	十一月大		十月小	
干支	丙子		乙亥	
節氣（國曆）	12 月 22 日 冬至午時 12 時 19 分	12 月 7 日 大雪酉時 18 時 18 分	11 月 22 日 小雪亥時 22 時 59 分	11 月 8 日 立冬丑時 01 時 24 分
國曆	支干	農曆十一 月	支干	農曆十月
1	壬申	初六	壬寅	初五
2	癸酉	初七	癸卯	初六
3	甲戌	初八	甲辰	初七
4	乙亥	初九	乙巳	初八
5	丙子	初十	丙午	初九
6	丁丑	十一	丁未	初十
7	戊寅	十二	戊申	十一
8	己卯	十三	己酉	十二
9	庚辰	十四	庚戌	十三
10	辛巳	十五	辛亥	十四
11	壬午	十六	壬子	十五
12	癸未	十七	癸丑	十六
13	甲申	十八	甲寅	十七
14	乙酉	十九	乙卯	十八
15	丙戌	二十	丙辰	十九
16	丁亥	廿一	丁巳	二十
17	戊子	廿二	戊午	廿一
18	己丑	廿三	己未	廿二
19	庚寅	廿四	庚申	廿三
20	辛卯	廿五	辛酉	廿四
21	壬辰	廿六	壬戌	廿五
22	癸巳	廿七	癸亥	廿六
23	甲午	廿八	甲子	廿七
24	乙未	廿九	乙丑	廿八
25	丙申	三十	丙寅	廿九
26	丁酉	十二月	丁卯	十一月
27	戊戌	初二	戊辰	初二
28	己亥	初三	己巳	初三
29	庚子	初四	庚午	初四
30	辛丑	初五	辛未	初五
31	壬寅	初六		

109 年 2 月		109 年 1 月		國曆
正月小		十二月大		農曆
戊寅		丁丑		干支
2 月 19 日 雨水午時 12 時 57 分	2 月 4 日 立春酉時 17 時 03 分	1 月 20 日 大寒亥時 22 時 55 分	1 月 6 日 小寒卯時 05 時 30 分	節氣 （國曆）
支干	農曆正月	支干	農曆十二月	國曆
甲戌	初八	癸卯	初七	1
乙亥	初九	甲辰	初八	2
丙子	初十	乙巳	初九	3
丁丑	十一	丙午	初十	4
戊寅	十二	丁未	十一	5
己卯	十三	戊申	十二	6
庚辰	十四	己酉	十三	7
辛巳	十五	庚戌	十四	8
壬午	十六	辛亥	十五	9
癸未	十七	壬子	十六	10
甲申	十八	癸丑	十七	11
乙酉	十九	甲寅	十八	12
丙戌	二十	乙卯	十九	13
丁亥	廿一	丙辰	二十	14
戊子	廿二	丁巳	廿一	15
己丑	廿三	戊午	廿二	16
庚寅	廿四	己未	廿三	17
辛卯	廿五	庚申	廿四	18
壬辰	廿六	辛酉	廿五	19
癸巳	廿七	壬戌	廿六	20
甲午	廿八	癸亥	廿七	21
乙未	廿九	甲子	廿八	22
丙申	二月	乙丑	廿九	23
丁酉	初二	丙寅	三十	24
戊戌	初三	丁卯	正月	25
己亥	初四	戊辰	初二	26
庚子	初五	己巳	初三	27
辛丑	初六	庚午	初四	28
壬寅	初七	辛未	初五	29
		壬申	初六	30
		癸酉	初七	31

出生節氣屬性與適合職業對照表

日干甲乙（木）					
職業屬性 / 出生日	金	木	水	火	土
春月之木	可	良	劣	優	差
夏月之木	可	差	優	劣	良
秋月之木	良	可	劣	優	差
冬月之木	差	可	劣	優	良
日干丙丁（火）					
職業屬性 / 出生日	金	木	水	火	土
春月之火	優	可	劣	良	差
夏月之火	可	劣	優	差	可
秋月之火	差	優	劣	良	可
冬月之火	差	優	劣	良	可
日干戊己（土）					
職業屬性 / 出生日	金	木	水	火	土
春月之土	差	劣	可	優	良
夏月之土	可	良	優	劣	差
秋月之土	劣	優	差	良	可
冬月之土	差	良	優	可	劣
日干庚辛（金）					
職業屬性 / 出生日	金	木	水	火	土
春月之金	良	差	劣	可	優
夏月之金	優	差	良	劣	可
秋月之金	劣	良	優	可	差
冬月之金	良	差	劣	可	優
日干壬癸（水）					
職業屬性 / 出生日	金	木	水	火	土
春月之水	差	優	劣	可	良
夏月之水	良	劣	優	差	可
秋月之水	優	可	差	良	劣
冬月之水	差	良	劣	優	可

招財補運 DIY

租屋小資族之改運風水　272

己亥年太歲星君安奉與太歲符　277

個人、店面、居家招財符　283

租屋小資族之改運風水

風水是古人生活經驗與智慧的結晶，也是一門「生活科學」，是用以建構或改善周遭軟硬體設備的一門科學。在沒有正確的風水概念下就貿然行事，反而容易讓家中原有格局大亂，發生更嚴重的後果。

許多朋友因為工作地點、求學的關係，或是其他原因而沒有辦法住在家裡，多半選擇以租屋的方式來解決住的問題。然而租屋常因物件限制，沒辦法找到盡如人意的房子，又因為房子不是自己的，也無法進行大規模的修改，所以如果有一些風水上的狀況，該怎麼處理呢？以下就租屋時常遇到的風水問題，提供簡易的解決方法。

一、大門對電梯或逃生門

這是一般大樓裡常會遇到的情況。在風水上，「門對門」的格局容易產生「口角爭執」。如果門和門「相切」時，則容易產生「意外血光」等煞氣。而大門對上逃生門，則會有「開門見梯」的漏財疑慮。如果電梯門比住家大門大，在風水上稱作「大門吃小門」，還會有導致家運衰退的可能。

此外，電梯每天進進出出，不斷上上下下，通道的氣流不斷流動，不但無法聚氣，也帶動了附近氣場的混亂，所以大門正對電梯的住家，自然因為這樣使得住家前方氣場難以穩定，對於財氣、旺氣的聚集有負面的影響。

化解：

如果租到這樣的房子也不用太擔心，可以在大門口懸掛鏡面的制煞物品，例如「乾坤太極圖」，或是加持過的「凸面鏡」，即可化解。

二、進門直接對陽台

這種狀況特別容易發生在套房的物件上。套房由於坪數小，通常一開門進去就是一個房間，中間毫無隔間與遮擋，就容易產生直接看到陽台的情形。

在風水上來說，這種從大門一直線通到陽台、對外窗的情況，叫做「穿堂煞」，最大的影響在於沒有辦法藏風納氣，對於財運的影響特別大。一般來說，當財運從大門進來之後，無法聚集就直接從陽台、窗戶流出，主人就容易有「左手進、右手出」，每個月都是月光族的情況產生。

化解：

遇到穿堂煞最好的化解方式就是遮擋，在門與其一直線上的窗戶、陽台、後門之間做一個遮擋，像是擺放一個超過門框的大櫃子，隔出玄關，不要直接看到窗外。如果空間實在太小，則可使用不透光的厚窗簾，將門直線對到的窗戶或陽台部分遮擋，非必要盡量不要拉開，確保財氣能夠聚集。

三、無陽台

不少房子的陽台會外推，或是建商本來就沒設計陽台，但以風水上來說，前陽台代表的是該處主人的發展，而後陽台則代表子女的未來。所以，如果沒有前陽台，對於主人的運途會有較大的影響，容易受到阻礙。而後陽台打通作為房間的一部分或者廚房的一部分，在風水上來說也都是不建議的，不僅代表子女的前途會受到影響，打出去加蓋的部分由於底下懸空，上面若放置床鋪或者書桌，會有睡不好、讀書效果差的情況；如果是做為廚房的話，則會子女外食，意味著子女不喜歡回家的狀況產生。

化解：

租屋處如果剛好是這樣的格局，補救方式是在打出去的原陽台位置，於該處地上鋪設36枚五帝錢，象徵隔出一個陽台的空間，還原本來的空間，以提升住戶相關的運勢。除了上述方法之外，也可以在陽台原來的位置鋪設地墊、地毯、地板，一樣有類似的效果。

四、床對廁所

床對廁所是小套房最容易遇到的狀況，另外有些一般住家裡會有附衛浴的主臥室，也容易產生這個格局。問題都是因為室內空間不夠大，所以不管床怎麼擺設都很難避免不對到廁所門。

風水上認為，床不管是正對或者是側對廁所門，會對人的下腹部，像是腸胃、子宮等器官帶來不良的影響，產生健康問題，不可不慎。

化解：

一般床對廁所最一勞永逸的方法是改門的方向，但對租屋族來說，一方面花費太大，一方面房東也不見得同意。一個比較簡易的化解方式是，在廁所內擺設土種黃金葛，並用小投射燈24小時照射，目的是為了化解廁所的穢氣。另外，在廁所門口掛上一片式的布簾，必須長過馬桶上緣，並在布簾上再放置開過光的六帝錢，避免穢氣溢出。此外，也可以在床頭櫃或者床腳的地方掛上開過光的葫蘆，同樣能達到化解穢氣，提升健康運的效果。

五、廚房對廁所、瓦斯爐對流裡台

這樣的格局也是居家風水中常見的。尤其是小坪數的房子，只能有小小空間，廚房與衛浴也經常會被規劃在鄰近位置，如此就容易產生相關的問題。

廚房對廁所，尤其是廚房裡的瓦斯爐或者冰箱直接對上廁所門，在風水上來說，會對健康帶來不良的影響。廚房是煮食的空間，但廁所卻是排泄穢物的地方，兩者相對或緊鄰，意味著食物容易沾染到穢氣，對於健康自然就扣分。

而瓦斯爐對流理台，在風水上來說是不好的格局。特別是L型的廚房，很容易有瓦斯爐與水龍頭直接相對的情形，這樣的格局稱為「水火沖」。此外，如果是兩者並排但距離沒有超過30公分，也屬於「水火沖」的狀況。

風水上認為，「水火沖」是無情沖，容易帶來爛桃花問題，住戶容易面臨第三者或者遇人不淑的感情糾紛。水火沖也會另外帶來血光的問題，影響的層面是容易有受傷、車關等問題，所以必須要特別注意。

化解：

在沒有辦法更動房屋格局的狀況下，最好的方式就是採取隔開兩者的作法。也就是在廁所與瓦斯爐之間，或者瓦斯爐與流理台之間，以櫃子、屏風等遮擋就可以化解。如果是空間真的不夠大，無法實際擺設家具，也可用不透光的木板或紙板阻隔之，同樣有類似的效果。

風水是為了讓人住得舒適、健康，住得平安，進而帶來好運！除了以上提供的幾個簡易解決方式外，各位朋友如果想了解更多，也可以參考謝老師的書籍，或是瀏覽臉書粉絲團，相信關於居家風水的疑難雜症，無論是格局還是煞氣，都可以找到適合的解答！

己亥年太歲星君安奉與太歲符

「太歲」又稱「歲星」，每個人出生年與太歲都有對應關係，根據沖犯原則，就有「正沖」跟「偏沖」的概念產生。「正沖」就是正對自己的生肖年，而「偏沖」是指相隔六年。不管是正沖或偏沖，都屬不吉，都必須在年初「安奉太歲」，以求平安。而到了年尾則須「謝太歲」，感謝太歲整年的保佑。

太歲安奉法（年初安太歲）

安奉地點：可供奉在神桌上。

安奉時間：農曆正月初九、正月十五日，或選吉日安奉。

安奉供品：清茶、水果、香燭，另備壽金、太極金、天金。

安奉方法：將太歲符安放在正確位置後，備好香案，點三支香，心中默唸：「弟子〇〇〇因本年沖犯太歲，請太歲星君到此鎮宅，保佑平安。」香燃過一半之後，即可燒化金紙，儀式完成。

謝太歲法（年尾謝太歲）

謝太歲地點：太歲供奉處。

謝太歲時間：農曆十二月二十四日上午吉時。

謝太歲供品：清茶、水果、香燭，另備壽金、太極金、天金。

謝太歲方法：在安奉太歲符前，備好香案，點三支香，心中默唸：「弟子〇〇〇，今備香花四果，感謝太歲星君一年的保佑。」之後取下太歲符，同金紙一同燒化即完成。

今年需安太歲者：

正沖——相豬人：一歲、十三歲、廿五歲、卅七歲、四九歲、六一歲、七三歲、八五歲

偏沖——相蛇人：七歲、十九歲、卅一歲、四三歲、五五歲、六七歲、七九歲、九一歲

太陽星君

南斗星君

唵佛敕

北斗星君

太陰娘娘

敕令六甲神將

敕令天官賜福

敕令鎮宅光明

太歲己亥年謝太星君到此鎮

雷雷雷雷雷

敕令六丁天兵

敕令招財進寶

敕令闔家平安

現在居住地：

信士
女

奉敬

恭請

己亥太歲謝太大將軍

到府坐鎮

謹

太歲稱號之差異

根據「六十甲子」的循環，太歲星君共有六十位。目前台灣各地所供奉的太歲星君，稱號都略有差異，但讀音都幾乎相近，因此有一說認為，這差異應是讀音與標記所引起。己亥年的太歲星君為「謝太星君」。

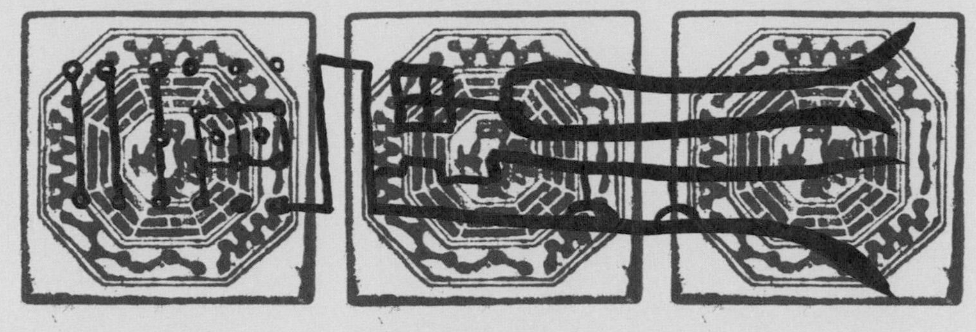

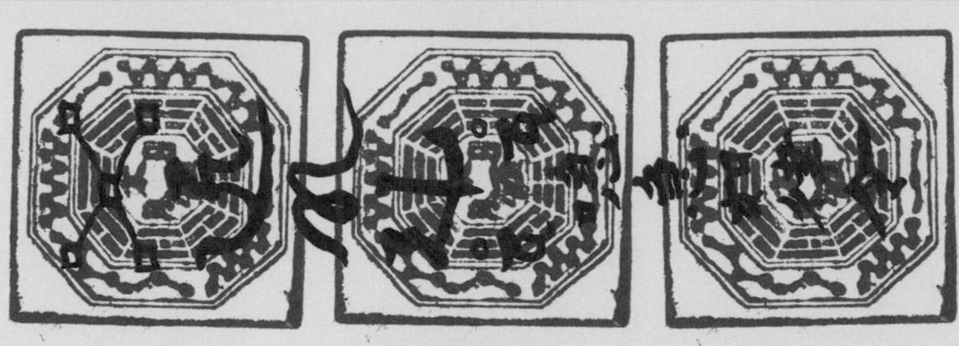

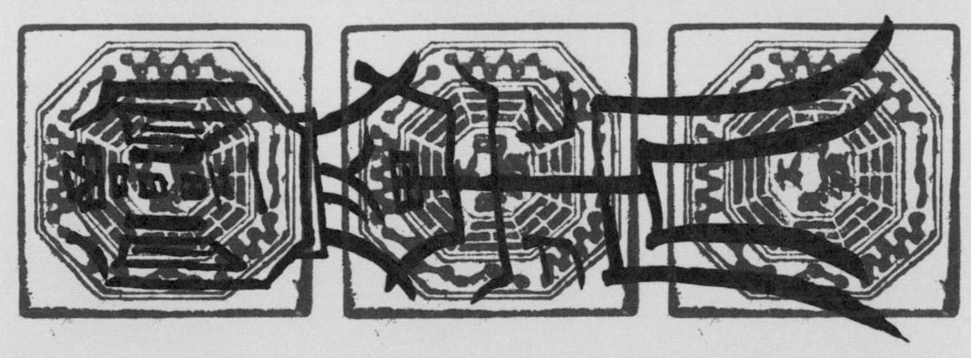

己亥年個人招財符

謝沅瑾
命理研究中心
瑾

己亥年居家招財符

謝沅瑾
命理研究中心
瑾

己亥年店面招財符

謝沅瑾
命理研究中心
瑾

個人、店面、居家招財符

招財符使用說明

本次隨書附贈之「招財符三連發」（右頁，請讀者自行剪裁），分別為個人招財符、店面招財符與居家招財符。皆由謝沅瑾老師親自繪製開光，希望能帶給讀者一個好運滿滿的己亥年。

使用方法

個人招財符收在皮夾裡，隨身攜帶。居家與店面招財符，則擺放在家裡或店裡的隱密處，一般來說，店面招財符可以擺放在收銀台或櫃台的收銀機、抽屜之中，居家招財符則可以擺放在家裡的財位上，可以更加催動財位。

此符有一整年之效力，使用前可以先拿到陽廟之主爐上過香火，更添效力。擺放或者攜帶一年之後，在農曆十二月廿四日送神日時，同金紙一起燒化即可。謝沅瑾老師在此還要提醒大家，平日若多行善積德，努力工作，則招財效果更佳！

個人招財符置於皮包內，居家店面招財符則置於財位隱密處。

玩藝 0077

謝沅瑾豬年生肖運勢大解析

史上最萬用的開運工具書，謝老師親算農民曆、流年流月，一書在案，平安福滿好運年年！

作　　者——謝沅瑾
書籍製作——謝沅瑾命理研究中心
攝　　影——高政全
全書設計——花樂樂
責任編輯——施穎芳
執行企劃——汪婷婷

總 編 輯——周湘琦
發 行 人——趙政岷
出 版 者——時報文化出版企業股份有限公司
10803 台北市和平西路三段二四〇號二樓
發行專線　（02）2306-6842
讀者服務專線　0800-231-705、（02）2304-7103
讀者服務傳真（02）2304-6858
郵撥　1934-4724 時報文化出版公司
信箱　台北郵政 79 ～ 99 信箱
時報悅讀網— http://www.readingtimes.com.tw
電子郵件信箱— books@readingtimes.com.tw
時報出版風格線臉書— https://www.facebook.com/bookstyle2014
法律顧問——理律法律事務所　陳長文律師、李念祖律師
印　　刷——詠豐印刷股份有限公司
初版一刷—— 2018 年 11 月 30 日
初版三刷—— 2019 年 1 月 25 日
定　　價——新台幣 399 元

謝沅瑾豬年生肖運勢大解析：史上最萬用的開運工具書，謝老師親算二〇一九農民曆、流年流月，一書在案，平安福滿好運年年！/ 謝沅瑾著. -- 初版. -- 臺北市：時報文化，2018.11
面；　公分. --（玩藝；77）
ISBN 978-957-13-7618-9(平裝)

1. 改運法 2. 命書

295.7　　107019863

服裝提供 

時報文化出版公司成立於一九七五年，
並於一九九九年股票上櫃公開發行，於二〇〇八年脫離中時集團非屬旺中，
以「尊重智慧與創意的文化事業」為信念。

謝沅瑾 二〇一九 己亥年

豬年生肖運勢大解析

想知道自己姓名與風水的問題嗎？現在只要您完整填寫讀者回函內容，並於2019/02/28前（以郵戳為憑），寄回時報文化，就有機會獲得**謝沅瑾老師面對面為您親自批算姓名鑑定與風水**等相關問題的機會喔！10位幸運的讀者名單，我們會於2019/03/15前公佈在「**時報出版風格線**」粉絲團

＊您最希望謝沅瑾老師為您解答關於姓名鑑定與風水的問題是什麼？

____

____

____

____

____

＊請問您在何處購買本書籍？
□誠品書店 □金石堂書店 □博客來網路書店 □其他網路書店
□一般傳統書店 □量販店 □其他 ________

＊請問您購買本書籍的原因？
□喜歡主題 □喜歡封面 □價格優惠 □喜歡購書禮
□喜愛作者 □工作需要 □實用 □其他 ________

＊您從何處知道本書籍？
□一般書店：________ □網路書店：________ □量販店：________
□報紙：________ □廣播：________ □電視：________
□網路媒體活動：________ □朋友推薦________ □其他 ________

【讀者資料】

姓名：________□先生 □小姐 生辰八字：________

年齡：________職業：________

聯絡電話：（H）________（M）________

地址：□□□________

E-mail：________

（請務必完整填寫、字跡工整，以便流年批算及回覆）

注意事項：
★本問卷將正本寄回不得影印使用。
★本公司保有活動辦法之權利，並有權選擇最終得獎者。
★若有其他疑問，請洽客服專線：02-23066600#8219

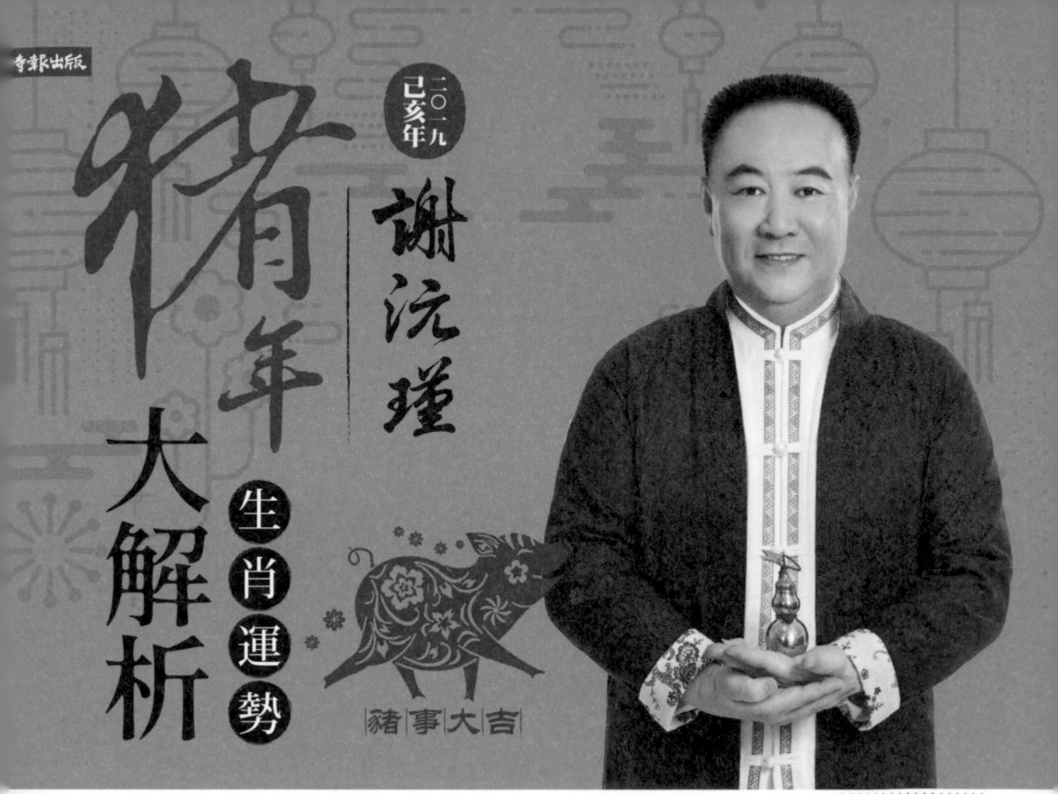

※ 請對摺後直接投入郵筒，請不要使用釘書機。

時報文化出版股份有限公司

108 台北市萬華區和平西路三段 240 號 2 樓

第三編輯部 收

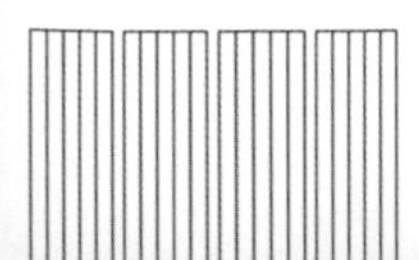

五福臨門開運招財銅錢吊飾

五福臨門配合五路財神，
為所有有福氣的讀者朋友們，
招財進寶，提昇好運氣。

使用方法：

隨身攜帶：提昇運勢、增加好運。
住　　家：五福臨門 添財運、添好運。
辦 公 室：提昇事業、招財添貴。
店　　面：提昇財運、福客臨門。
汽　　車：添財運、保平安。

正面圖案

背面圖案

謝沅瑾老師
親自開光加持